LES ANECDOTES LES PLUS DRÔLES DU CINÉMA

Bruno Solo

Les Anecdotes les plus drôles du cinéma

Collection
Les Pensées

le
cherche
midi

Direction éditoriale :
Arash Derambarsh et Arnaud Hofmarcher
Coordination éditoriale : Philippe Durant

23, rue du Cherche-Midi, 75006 Paris

Vous pouvez consulter notre catalogue général et l'annonce
de nos prochaines parutions sur notre site Internet :
cherche-midi.com

Préface

Avant tout je tiens à déclarer qu'à chaque fois qu'on me demande de narrer une anecdote liée à un tournage, même fraîchement terminé, j'éprouve invariablement un sentiment étrange, assez proche de la panique et qui me fait systématiquement passer, au yeux de mon interlocuteur, pour une espèce de neuneu d'autant plus pathétique qu'on loue souvent mes capacités de conteur (voire de baratineur) doté d'une imagination fertile. Les raisons de cet embarras sont sûrement dues au fait que, selon la définition du *Larousse*, je cite : « Anecdote : récit succinct d'un fait piquant, curieux ou peu connu. » Or, comme vous ne manquerez pas de le constater, j'ai du mal à faire court. Ne serait-ce que pour évoquer un problème aussi... anecdotique.

Et pourtant la question est récurrente. Peu importe le film, à peine le rôle, encore moins le scénario, ce qui suscite la curiosité de celui qui croise la route d'un comédien, c'est... l'anecdote !

« ... Allez ! Une p'tite histoire, un truc quoi... quelque chose d'un peu cocasse, un peu salé ! Allez, envoie, balance, fait péter !... »

Soudainement pris de court, harcelé par cet outrecuidant qui commence à s'exciter comme un clébard devant votre incapacité à lui dénicher son os, vous tentez de chercher dans vos souvenirs récents. (...) Rien ! Il s'impatiente, vous fouillez plus profondément dans votre mémoire. (...) Queud ! Il commence à grogner, alors vous vous mettez à creuser comme un forcené. (...) Nada ! Maintenant il écume, et finalement, tant bien que mal, vous déterrez une vieille casserole sortie de son contexte... même pas drôle, même pas scabreuse, et là... il mord ! « T'es qu'un naze, un baltringue, et ton film, j'suis sûr que c'est une bouze ! » Dont acte.

Incontournable. L'anecdote est devenu au 7e art ce que la cerise a, pour le coup, toujours été au gâteau. Il n'y'a qu'à constater l'engouement de plus en plus conséquent du public pour les bonus DVD avec leur lot de *making of*, de scènes coupées, de *director's cut*, de fins alternatives ou de bêtisiers... pour s'en convaincre définitivement.

Aussi, quand par une douce journée de printemps le cherche midi est venu me trouver à 14 heures... avec l'idée de compiler le fin du fin de la crème des anecdotes les plus drôles du cinéma, j'ai vu là l'occasion inespérée de ne plus me faire mordre par le premier cabot venu. J'allais enfin pouvoir rassasier l'appétit de tous les affamés de situations rocambolesques, de légendes inventées ou sublimées, de citations à l'emporte-pièce, de coup tordus et de tartes à la crème. Bref, avoir de quoi satisfaire la gourmandise de tous les amoureux des petites histoires dont se nourrissent les grandes !

Alors, pour tout vous dire, si je suis amené à devoir lâcher une anecdote à un quidam dans un avenir qui ne saurait être autrement que proche, sachez que je n'aurai pas l'ombre d'un scrupule à aller la puiser dans ce recueil et à me l'approprier sans la moindre vergogne. Et dans le cas où ça ne suffirait toujours pas, je lui recommanderais *in fine* d'aller acheter cet ouvrage... ce que, chers futurs lecteurs, je vous encourage vivement à faire.

À bon entendeur, salut !
Bruno SOLO

Au commencement était le verbe

« Vous êtes écrivain et moi je suis facteur,
on est tous les deux des hommes de lettres. »
Les Gaspards
Dialogues de Pierre TCHERNIA et René GOSCINNY

Lorsque Cecil B. DeMille parla au milieu des années 1950 de son projet de faire un remake des *Dix Commandements*, qu'il avait déjà tourné en 1923, on lui demanda pourquoi il ne préférait pas prendre un scénario complètement inédit, ce à quoi il répondit : « Vous en connaissez d'autres, vous, des sujets qui ont déjà deux mille années de publicité gratuite derrière eux ? »

*

Tout scénariste sait qu'il s'expose à des critiques aussi acerbes que définitives.

Cecil B. DeMille renvoya un texte qu'il avait reçu avec cette note : « Ce que j'ai rayé me déplaît, et ce que je n'ai pas rayé ne me satisfait pas. »

*

Alfred Hitchcock, maître du suspense, recevait chaque jour des tonnes de romans policiers. Les éditeurs savaient qu'une adaptation par ses soins faisait grimper les ventes dans le monde entier.

Le cinéaste se plaignait de cet afflux : « Ces livres sont truffés de crimes. Chaque matin, j'ai la sensation de trouver un morceau de cadavre sur mon bureau et ma bibliothèque ressemble à une morgue. »

*

En 1968, Milos Forman et Claude Berri partent à Los Angeles dans le but d'obtenir les droits d'adaptation cinématographique de la comédie musicale à succès, *Hair*. Tout se passe bien avec la Paramount, qui donne son accord pour distribuer le film, avec l'agent des auteurs, qui conclut un marché avec eux, sous réserve de l'accord desdits auteurs, Rado et Ragni. Reste à convaincre les deux hommes. Rendez-vous est pris à l'hôtel où ceux-ci ont élu domicile, Forman et Berri arrivent et trouvent les deux hommes accompagnés d'un drôle d'énergumène, les cheveux au milieu du dos, des ongles de 10 centimètres, leur gourou. Rado et Ragni expliquent qu'ils ne peuvent donner leur accord à Forman et Berri que si les cartes leur sont favorables. Le gourou sort alors un jeu de tarot, découvre les cartes une à une, celles-ci sont nettement défavorables au metteur en scène et au producteur. Visiblement très attristés, Raddo et Ragni, qui admirent le travail de Milos Forman, donnent une deuxième chance à leurs interlocuteurs. Le gourou recommence l'opération, les cartes sont encore plus défavorables. Les deux auteurs refusent donc de collaborer avec Berri et Forman. Et Forman devra attendre dix ans avant de pouvoir mettre en scène le film, qui sera finalement produit par Lester Persky, plus chanceux au tarot que Claude Berri.

*

Jean Cocteau adorait la série *OSS 117* écrite par Jean Bruce. Il en parla à Jean Marais en lui conseillant de trouver un réalisateur. L'acteur en fit part à André Hunebelle, avec qui il était en train de tourner *Le Bossu*.

De fait, Hunebelle lança une série de films à succès mettant en vedette l'espion Hubert Bonisseur de La Bath. Mais sans Jean Marais !

Il fut étrangement « remplacé » par Frederick Stafford, un représentant en produits pharmaceutiques d'origine tchèque déniché à Bangkok !

*

Marco Ferreri fut un jour harcelé par un apprenti scénariste qui tenait absolument à lui caser son scénario. Lassé, le metteur en scène lui fit répondre par courrier que la construction était désastreuse, l'intrigue d'un ennui sans nom et les personnages sans intérêt. Pas décontenancé, l'homme revint à l'assaut. Il attendit Ferreri à la sortie d'un studio et lui tomba dessus : « Mais vous sauvez au moins mes dialogues, non ? Ils sont excellents mes dialogues ! »

Voyant la moue du metteur en scène, l'homme reprit :

« Vous croyez que je peux les améliorer, c'est ça ? Donnez-moi au moins un conseil.

– En voici un, reprit Ferreri, vos personnages gagneraient beaucoup à être muets. »

*

Louis de Funès a raconté la naissance du célèbre gendarme de Saint-Tropez :

« Il est né d'une histoire vraie qui est arrivée à mon ami Richard Balducci à Saint-Tropez. On lui avait volé une caméra et, indigné, il alla à la gendarmerie. Il faisait chaud et le gendarme qui était en service attendait à califourchon sur une chaise.

"On vient de me barboter ma caméra, lui dit Richard.

– Bof, lui dit le gendarme, vous ne la retrouverez pas.

– Comment ça ? Pourquoi ?

– Ben, parce que je le sais... Votre gars, je le connais. Regardez-le, votre voleur, il est là-bas.

– Vous ne pourriez pas y aller ?

– Si, mais on n'arriverait jamais à le pincer, il court trop vite..." »

*

Sans Alain Resnais, point de *Star Wars* !

Quel lien entre le réalisateur d'*Hiroshima mon amour* et la plus célèbre saga de science-fiction de l'histoire du cinéma ?

En fait, Resnais a toujours été fan de bandes dessinées et désireux de porter à l'écran les aventures de Flash Gordon (Guy l'Éclair en français). Il en acheta les droits.

Presque au même moment, un jeune barbu répondant au nom de George Lucas voulut lui aussi adapter *Flash Gordon* pour de nouvelles aventures cinématographiques. Quand il manifesta le souhait d'en acquérir les droits, il apprit qu'ils n'étaient plus libres.

Dépité, il préféra créer son propre univers... qui connut le succès que l'on sait.

Ironie de la chose : Resnais renonça à son projet et revendit les droits de *Flash Gordon* au producteur Dino De Laurentiis.

*

Lors du tournage d'*Indiana Jones et le Royaume du crâne de cristal* (2008, réalisé par Steven Spielberg), un Californien réussit à s'introduire dans les studios d'Universal et à dérober du matériel, des photos et même un scénario se rapportant au film. Bien entendu, il s'empressa de les mettre en vente. Un acheteur se montra intéressé. Rendez-vous fut organisé.

Pas de chance : l'homme était un policier. C'était un piège ; dans lequel fonça tête baissée le voleur âgé de 37 ans. Il plaida coupable de vol et recel de documents et fut condamné à deux ans de prison.

*

Au début des années 1950, après une rencontre à Paris avec Jean-Paul Sartre, Billy Wilder se rendit à Hollywood pour voir son producteur, Arthur Hornblow Jr., et lui expliqua qu'il tenait le scénario du premier film existentialiste. « Ce sera basé *grosso modo* sur un mythe grec. L'histoire d'un garçon qui tombe amoureux de sa mère et l'épouse étonnant, non ? Ils vivent tous les deux heureux, et là, retournement de situation existentialiste, le garçon apprend par hasard que ce n'est pas sa mère biologique et il se suicide. »

*

En 1905, la firme Pathé finança une première adaptation d'un passage des *Misérables*. Au moment de lancer le tournage, elle découvrit que Hugo n'était pas encore tombé dans le domaine public. Il fallait payer des droits. Que Pathé jugea exorbitants. La firme refusa de cracher au bassinet, fit remanier le scénario à la hâte et sortit le film sous le titre *Le Chemineau*.

Les différences entre le produit fini et le livre hugolien furent minimes : l'évêque (monseigneur Myriel) est devenu curé, et les chandeliers se sont transformés en objets du culte.

*

À la recherche d'argent pour une pièce de théâtre qu'il montait, Orson Welles appela son producteur, le redoutable Harry Cohn, patron de la Columbia, pour lui demander une avance de 55 000 dollars destinés à payer les costumes bloqués chez le couturier.

« D'accord lui répondit Cohn, mais une avance pour quel film ? »

Pris au dépourvu, Welles regarda autour de lui et vit la costumière du théâtre en train de lire un livre. Il lui fit signe de lui montrer la couverture pour en voir le titre.

« *The Man I Killed* », annonça Orson avec assurance.

Cohn envoya l'argent et acheta les droits du livre.

Welles, qui ne l'avait pas lu, finit par le parcourir et le jugea inadaptable. Il fit mine de s'en inspirer pour en tirer sa *Dame de Shanghai* (1938)... qui n'a rien à voir avec le roman !

*

La précision du cinéaste japonais Akira Kurosawa est légendaire. Il avait l'habitude, pour chacun de ses films, de demander à plusieurs scénaristes d'écrire la même scène. Il faisait ensuite son propre « montage » à partir des meilleures idées de chacun d'entre eux. Le mot d'ordre du maître, qu'il fallait respecter quelles que soient les circonstances, était le suivant : « On n'écrit rien qu'on ne puisse montrer à l'écran ! » Un de ses scénaristes, Shinobu Hashimoto, se souvient : « Un jour, j'ai eu le malheur d'écrire que dans une scène, à l'arrière-plan, on voyait un corbeau fatigué voler vers son nid. Il m'est tombé dessus : "C'est grotesque. Comment sait-on qu'il vole vers son nid ? Comment sait-on qu'il est fatigué ? Je te demande d'écrire un film, pas un roman ! On voit voler un corbeau, point à la ligne !" »

*

Trop de scénarios souffrent d'énormes lacunes. Si grandes que même les producteurs les voient !

Ainsi, Jerry Bruckheimer au sujet de *Bad Boys* de Michael Bay : « Le scénario était truffé de trous assez grands pour y laisser passer un camion ! »

Il tourna néanmoins le film dans l'état et *Bad Boys* fut l'un des plus gros succès de l'année 1995.

*

Dans son livre *La Brûlure*, Nora Ephron dépeint les affres de son divorce avec Carl Bernstein, le fameux journaliste du *Washington Post* interprété par Dustin Hoffman dans *Les Hommes du président* d'Alan J. Pakula. Lorsque Bernstein apprit qu'une adaptation cinématographique du livre était en cours, mise en scène par Mike Nichols, avec cette fois Jack Nicholson dans son rôle et Meryl Streep dans celui de son ex-épouse, il mit tous ses avocats sur l'affaire, afin que son image à l'écran ne soit pas négative. Le tournage de *La Brûlure* (1986) fut donc très sérieusement encadré par les avocats du studio et ceux du journaliste. Et, au fur et à mesure du tournage, le rôle de Jack Nicholson réécrit afin que son personnage ne paraisse pas trop odieux. Ce qui ne fut pas sans poser problème à l'acteur, obligé de jouer « pédale douce » pendant tout le film, contrairement à ce qui avait été prévu au départ.

*

En 1966, lorsqu'on demanda à Ernest Lehman de faire l'adaptation pour le grand écran de la pièce à succès *Qui a peur de Virginia Woolf* ? d'Edward Albee, le scénariste, pétri de respect et d'admiration pour le dramaturge, osa à peine toucher au texte. À tel point que, entre la pièce initiale d'Albee et le scénario de Lehman, seuls 27 mots différaient, parmi lesquels les 4 mots suivants : « Scénario d'Ernest Lehman ». Interrogé sur l'adaptation quelque temps plus tard, Albee lâcha : « 27 mots et pas un de bon ! »

*

Ugo Tognazzi croisa un jour l'acteur italien Toto, qui devait commencer le lendemain le tournage d'un film.

« C'est un peu embêtant, lui confia Toto, je n'ai pas encore lu le scénario.

– Et ça ne te dérange pas plus que ça ?

– Si, évidemment que ça me dérange ! J'ai horreur de ne pas savoir comment je vais être habillé le lendemain ! »

*

Lorsqu'il fut appelé à la rescousse pour sauver du naufrage le scénario de *Ben-Hur*, Gore Vidal eut l'idée de transformer les relations entre les deux personnages principaux, Ben-Hur et Messala. Il trouva qu'une simple amitié d'enfance ne pouvait justifier leurs comportements si opposés. Alors, il imagina que les deux hommes avaient été amants durant leur adolescence. Ben-Hur avait fini par rejeter cette homosexualité mais Messala n'en avait jamais fait le deuil et restait amoureux de son ancien amant. À leurs retrouvailles, le Romain veut reprendre cette liaison mais le juif refuse.

Vidal écrivit une scène de confrontation où ces sentiments étaient évidents. Comme était évident le symbole « viril » par excellence du lancer de javelots.

À cette idée, le réalisateur William Wyler prit peur. Non qu'il la trouvât odieuse, bien au contraire, mais il savait qu'il ne pouvait en parler à sa vedette, Charlton Heston, qui aurait aussitôt crié au scandale. Il fut décidé de mettre seulement son partenaire, Stephen Boyd, dans la confidence.

On tourna la scène. Heston n'y vit que du feu. La censure aussi...

*

Francis Veber connut quelques déconvenues avec son personnage fétiche, François Pignon.

Au moment de la sortie du *Placard* (2001), il avoua : « J'ai récemment reçu une lettre d'un dénommé François Pignon qui me dit que sa vie avait été rendue difficile après *L'Emmerdeur* (1973), qu'elle était devenue impossible après *Le Dîner de cons* (1998) et que maintenant, avec *Le Placard*, il craint que tout le monde le traite de pédé ! »

Une association des vrais François Pignon de France, lassés d'être ridiculisés, tenta de convaincre Veber de choisir un autre nom pour son personnage de « con ».

En vain.

*

Francis Veber eut, un temps, un autre nom clé pour son héros : François Perrin. Ce qui irrita l'acteur-réalisateur Francis Perrin.

Qui se vengea en nommant le personnage principal de son film *Le Débutant* (1986) : François Veber.

*

En dépit de ses tentatives, Howard Hughes était plus constructeur d'avions qu'homme de cinéma. À ce titre, il dépendait beaucoup des commandes de l'armée et il n'hésitait jamais à intervenir dans les scénarios, jusque dans les dialogues.

Dans *Le Garçon aux cheveux verts* (1948), le personnage principal, âgé seulement de 9 ans, devait dire : « La guerre est horrible. » Phrase d'une platitude extrême.

Hughes suggéra qu'il ajoute : « C'est pourquoi il nous faut la meilleure aviation, la meilleure marine et la meilleure infanterie du monde. »

*

Lors de la préproduction d'un de leurs films réalisé par Joseph Pevney, *Le clown est roi* (1954), Jerry Lewis et Dean Martin n'étaient pas satisfaits du scénario. Les auteurs y retravaillèrent donc avec des délais serrés. Quelques jours avant le début du tournage, Jerry Lewis vint voir le producteur, Hal Wallis, et lui fit part de son mécontentement. Les spectateurs plébiscitaient le duo Martin et Lewis et l'acteur trouvait que leurs personnages mettaient trop de temps avant de se rencontrer dans le film. Il fallait en effet attendre vingt minutes avant leur première scène en commun. Excédé, Wallis pris le scénario, le feuilleta rapidement devant l'acteur, s'arrêta à une page, et arracha soudain toutes celles qui précédaient.

« Ça y est, vous vous rencontrez à la première scène. Tu es content maintenant ? On tourne lundi. »

Ce qui fut fait.

*

Le producteur Sam Goldwyn s'offrit les services de l'écrivain James Thurber pour adapter une de ses nouvelles. Il arriva de New York à Hollywood, où Goldwyn mit à sa disposition un bureau et une secrétaire. Le premier matin, il arriva avec quelques notes sur le début du scénario, qu'il commença à dicter à la secrétaire. Celle-ci l'arrêta tout de suite : « Je suis désolée, je ne tape que les lettres, pas les scénarios. »

Pas découragé, Thurber parvint néanmoins à lui faire faire le travail en commençant chaque scène par « Mon cher Sam ».

*

Samuel Goldwyn, comme la plupart des grands producteurs américains, surveillait ses films de près et n'hésitait pas à pratiquer le coup de ciseau.

Lorsqu'il vit *Rue sans issue* (1937) de William Wyler, il exigea l'amputation d'une scène. Elle montrait Humphrey Bogart et son complice entrant dans un bar pour commander du whisky. Le tenancier agrippait une bouteille et traçait au crayon une marque sur l'étiquette avant de la leur tendre.

« Ça ne veut rien dire du tout ! s'emporta Goldwyn.

– C'est un des moments les plus importants du film : ça crée une tension, lui expliqua Wyler.

– Quelle tension ?

– Ça montre que ces deux types sont dangereux et que même le barman s'en aperçoit.

– Je ne veux pas de ces allusions intellectuelles et subtiles. Personne ne les comprend.

– C'est tellement limpide que même un enfant le comprendrait. »

Goldwyn appela à la rescousse son propre fils, un gamin, qui attendait dans son bureau. Il lui montra la scène.

« Tu as compris le truc de la bouteille ?

– Ben oui : le type pose la bouteille et alors il voit que les deux autres sont des espèces de gangsters. Alors, il n'a pas confiance et il fait une marque sur la bouteille. Pour savoir ce qu'ils auront bu. »

Samuel, tout fier, se tourna vers Wyler : « Les gosses d'aujourd'hui : ils sont malins ! »

La scène fut conservée.

*

Premier jour de tournage de *Ipcress. Danger immédiat* (1965), dans lequel Michael Caine incarne l'espion Harry Palmer, personnage créé par Len Deighton. Le metteur en scène Sidney J. Furie réunit tout le monde le matin sur le plateau, acteurs et techniciens. Puis il prend le scénario du film, le pose à terre, sort tranquillement son briquet et le brûle. Lorsque le tas de papiers en est réduit à un amas de cendres noircies, le réalisateur prend la parole : « Que les choses soient claires. Voilà ce que je pense de ce foutu scénario ! »

Puis, après une pause, il se retourne vers Michael Caine : « Bon, cela étant dit, passe-moi ton script. Il faut bien que quelqu'un tourne cette foutue merde ! »

Ces messieurs de la finance

> « Vous faites comme d'habitude :
> vous promettez tout et moi je ne tiens rien. »
> *Les Aventures de Rabbi Jacob*
> Dialogues de Gérard Oury

La Warner détesta le premier film de Lucas, *THX 1138* (1971). Coppola, producteur sur le film, refusa que la Warner ait la moindre relation directe avec Lucas pendant le tournage. Tout devait se faire par son intermédiaire, tout devait passer par lui. C'était la seule façon de faire, tant Lucas était effrayé par le pouvoir des studios. Le metteur en scène tourna *THX 1138* avec peu de moyens et monta le film dans son grenier, à Mill Valley. Le résultat fut montré à la Warner en mai 1970. Toutes les huiles du studio étaient présentes à la projection. Lorsque les lumières se rallumèrent, l'un des cadres, horrifié, s'adressa à Coppola : « Qu'est-ce que c'est que ce merdier, Francis ? Cela n'a rien à voir avec ce dont tu nous avais parlé. Ce n'est pas un film commercial ! » Coppola, l'air à peu près aussi abattu que son interlocuteur, murmura : « Je ne sais pas ce que c'est que ce truc... » Coppola n'avait vu que quelques bobines du film, lors du mixage, la nuit précédente. Après la projection, l'opinion de la production était unanime. Heureusement, Lucas avait anticipé la réaction du studio – il avait demandé à quelques amis de se faufiler dans la salle, puis dès la fin de la séance d'aller dans la cabine de projection récupérer les bobines en se faisant passer pour des employés du département Montage. Sa plus grande crainte était en effet que la Warner confisque le film pour le remonter à sa guise. Les amis de Lucas s'enfuirent donc avec les bobines qu'ils jetèrent dans leur minibus avant de démarrer sur les chapeaux de roues. Ce qui permit ensuite à Lucas de pouvoir négocier le retour des bobines contre un monteur approuvé par lui, et non imposé par le studio !

*

Brad Pitt se rendit compte que *Ennemis rapprochés* d'Alan J. Pakula (1997) auquel il participait n'avait pas grand-chose à voir avec le scénario qu'il avait accepté. Il finit d'ailleurs par traiter le film de « désastre ».

Il est vrai que le script avait été réécrit à sept reprises et que son rôle devenait une caricature.

Il menaça de quitter le tournage. La production lui répondit : « Aucun problème : vous nous devez 63 millions de dollars. »

Brad Pitt resta. À contrecœur.

*

Beaucoup de cinéastes et de comédiens classent parmi les éléments les plus perturbateurs d'un tournage... les producteurs ! Avec leurs questions, leurs remarques, leurs doutes, ils font perdre du temps et de la patience.

Orson Welles détestait voir les représentants de la RKO débarquer sur le plateau de *Citizen Kane* (1940). D'autant que pas un ne comprenait ce qu'il était en train de faire.

Pour leur faire passer le goût de se déplacer, il inventa un truc : chaque fois que l'un d'eux pointait le bout de son cigare, il arrêtait le tournage et annonçait une pause au cours de laquelle toute l'équipe jouait à la balle.

Il fallut néanmoins un certain temps pour que les producteurs comprennent que plus ils venaient, plus le tournage prenait du retard.

*

Un producteur s'agaça des retards incessants de Robert Mitchum. L'acteur avait beau lui expliquer qu'il tournait deux films en même temps, l'ire du cadre ne diminuait en rien.

Il en vint même à attendre l'acteur sur le parking du studio. Quand Mitchum arriva, en retard, il reçut une volée de bois vert.

« C'est laquelle votre voiture ? s'enquit calmement Robert.

– La décapotable, là-bas, pourquoi ? »

Robert marcha vers le véhicule et pissa dessus ! Par la suite, il n'eut plus aucune remarque...

*

Dino De Laurentiis, fameux producteur italien, entendit dire un jour que Michelangelo Antonioni essayait en vain de trouver un financement pour monter *L'Avventura* (1960). Il le contacta et lui proposa un rendez-vous à Rome. Grand seigneur, il offrit à Antonioni, qui était à l'étranger, de lui payer son billet d'avion. Les deux hommes se retrouvèrent autour d'une table. De Laurentiis, homme haut en couleur, parlant fort, bougeant sans cesse, dit au metteur en scène : « Allez, racontez-moi votre histoire. Si elle me plaît, on fait le film ensemble ! » Antonioni, timide, hésitant, discret, par bien des aspects l'antithèse de son hôte, raconta assez péniblement le scénario, l'histoire d'une jeune femme qui disparaît sur une île sans laisser de traces et des recherches entreprises par ses amis pour la retrouver.

Film sur le vide, l'absence, la béance, sur la vacuité et l'ennui, *L'Avventura* devait faire entrer le cinéma dans l'air de la modernité. Le producteur écouta avec intérêt puis demanda à Antonioni :

« Tout cela est très bien, mais qu'est-il arrivé à la fille qui a disparu ?

– On ne sait pas, justement, on ne le saura jamais.

– Comment ça, on ne le saura jamais. Qui a écrit le scénario ?

– Mais c'est moi.

– Comment ça, vous avez écrit l'histoire et vous ne savez même pas ce qui arrive à la fille !

– Exactement. »

De Laurentiis, furieux, commença à insulter le metteur en scène, se leva de table, se dirigea vers la sortie, fit demi-tour, revint et exigea que Antonioni lui rembourse sur-le-champ le prix de son billet d'avion !

*

Mario Monicelli discutait un jour d'un film en développement avec un producteur, qui prévoyait un budget démesuré par rapport au sujet.

« Je ne vous suis pas, lui dit Monicelli, vous devriez être content si je tourne ce film avec trois fois moins d'argent que ce que vous êtes prêt à me proposer.

– Mais vous ne comprenez rien, lui répondit le producteur, plus il y a d'argent, plus on peut en détourner en passant inaperçu ! »

*

Jack Warner hésita à sortir *La Fureur de vivre* (1955) du fait de la mort récente de James Dean : « Personne n'ira voir un cadavre », dit-il avec beaucoup de tact.

*

Warren Beatty organisa la première projection de *Bonnie and Clyde* (1967) dans le palace où logeaient les pontes de la Warner. Jack Warner, en arrivant, se tourna vers Arthur Penn, le réalisateur, et lui dit: «Je te préviens, si je me lève pour aller pisser, c'est que ton film est sans intérêt.» C'était en effet un signe qui ne trompait pas, avec le nabab, déjà très âgé, et dont les problèmes de prostate terrorisaient tout Hollywood. La situation était d'autant plus tendue que dans ce premier montage, le film durait deux heures et dix minutes et que tous étaient conscients qu'il fallait bien encore couper un bon quart d'heure. La projection commença et, au bout de cinq minutes, Warner se leva pour aller aux toilettes. À chaque changement de bobine, il retournait se soulager. Lorsque la lumière se ralluma, la voix de Warner rompit le silence: « C'est quoi ce bordel ? »

Silence à nouveau puis encore Warner:

« Combien de temps ça a duré ?

– Deux heures dix, colonel, répondit son gendre, Bill Orr.

– Ce sont les deux heures dix les plus longues de ma vie ! Un film pendant lequel on va pisser plus de trois fois, j'avais encore jamais vu ça ! »

Ce qui n'empêcha pas *Bonnie and Clyde* de devenir un des plus gros succès de la Warner.

*

En 1931, le fameux producteur Irving Thalberg demanda à un de ses collaborateurs, Sam Marx, de négocier l'achat des droits d'adaptation de *Tarzan*. Marx rencontra l'auteur du livre, Edgar Rice Burroughs, et lui demanda combien il voulait pour céder les droits à la MGM. Burroughs réclama

100 000 dollars. Lorsque Marx lui dit que son budget maximum était de 25 000 dollars, l'auteur quitta la pièce sans autre forme de procès. Marx insista et les deux hommes se revirent à plusieurs reprises dans les semaines qui suivirent. Finalement, ils tombèrent d'accord sur la somme de 40 000 dollars. Une fois les contrats signés, Burroughs invita Marx au restaurant et lui confia : « Vous savez, j'ai tellement envie que ce film se fasse que si vous aviez un peu insisté, je vous aurais cédé les droits gratuitement. »

Ce à quoi Marx répondit : « Vous savez, monsieur Burroughs, si de votre côté vous aviez tenu bon, les 100 000 dollars seraient maintenant sur votre compte. »

*

Arthur Penn supervisa la préproduction et commença le tournage du film *Le Train* (1964) mais fut renvoyé à la demande de Burt Lancaster, qui ne partageait pas ses vues sur la mise en scène. L'acteur fit alors appel en urgence au tout jeune John Frankenheimer, sous la direction de qui il venait de tourner *Sept jours en mai*. Le metteur en scène, prévenu le vendredi, accepta de reprendre le tournage laissé en plan dès le lundi. Pour le remercier, Burt Lancaster lui demanda, au détour d'une conversation, quelle était sa voiture préférée. Frankenheimer lui confia qu'il avait un faible pour les Jaguar bleues. Le lundi matin, en arrivant sur le tournage, il eut la surprise de trouver une Jaguar rouge flambant neuve, cadeau de United Artists, le studio qui produisait le film. Le soir, juste avant le dîner, Lancaster surprit

Frankenheimer en train d'écrire une longue lettre au directeur du studio pour le remercier de cette délicate attention. Le comédien arracha la lettre des mains du metteur en scène et lui dit : « Tu veux être pris au sérieux par Hollywood ? Alors, crois-moi, fous ça à la poubelle et écris la chose suivante : "Je voulais une Jaguar BLEUE, pas rouge !" »

*

Quand la Warner racheta les droits d'une pièce intitulée *Everybody Comes to Rick's*, elle imposa que l'action se passe à Casablanca, qui devint le titre du film. Pourquoi ?

Parce qu'un film intitulé *Algiers* était récemment sorti sous le titre *Casbah* en France. La mode étant à l'exotisme nord-africain, Warner choisi de passer d'Alger à Casablanca.

L'amusant est que *Algiers* est le remake américain de *Pépé le Moko* ! Donc, sans *Pépé le Moko*, pas de *Casablanca* (1947, de Michael Curtiz), qui reste l'un des films les plus mythiques du cinéma américain !

Quant à l'action de la pièce initiale, elle se déroulait... à Saint-Jean-Cap-Ferrat. En France (« libre » au moment de l'histoire).

*

Casablanca fut à l'origine d'un célèbre (mini)-scandale. Les frères Warner, responsables de Warner Brothers, cherchèrent à obliger les frères Marx, responsables de leur talent, à renoncer à leur parodie intitulée *Une nuit à Casablanca* (1946, d'Archie Mayo). Pour commencer, ils tentèrent de leur interdire d'utiliser le nom de la ville pour leur titre. Ce à quoi Groucho répondit : « Vous prétendez que *Casablanca* est à vous et que personne d'autre ne peut utiliser ce nom sans votre permission ? Et Warner Brothers alors ? Est-ce que c'est à vous aussi ? Vous avez probablement le droit d'utiliser Warner mais qu'en est-il de celui de Brothers [frères] ? Professionnellement, nous étions frères bien avant vous. Nous faisions la tournée des bleds en tant que Marx Brothers alors que le Vitaphone n'était encore qu'une petite lueur fœtale dans l'œil de son inventeur. Et même, avant nous, il y avait eu d'autres frères : les frères Smith [ceux des petites pilules pour le rhume], les frères Karamazov... »

Après un échange de courriers de plus en plus délirants, les Warner renoncèrent.

*

Les frères Marx réservèrent une (mauvaise) surprise à leur producteur Irving Thalberg de la MGM.

Celui-ci, toujours débordé, avait pour (mauvaise) habitude, en plein rendez-vous, de quitter son bureau pour aller donner des directives à ses employés, voire pour aller vérifier un point de détail sur le tournage d'un film. Il plantait là ses visiteurs. À charge pour eux d'attendre patiemment son retour. Parfois durant plusieurs heures.

Les trois frères Marx trouvèrent le temps long. Pour tromper leur ennui, ils s'amusèrent à faire brûler des meubles en bois dans la cheminée, alors que l'on était en plein été. Puis commandèrent des pommes de terre à la cafétéria du studio.

Aussitôt alerté, Thalberg arriva en courant. Il vit les trois Marx entièrement nus, assis sur la moquette, en train de se faire griller des pommes de terre !

« Ça s'est révélé très efficace », conclut Groucho. Plus jamais Thalberg ne les quitta au cours d'un rendez-vous.

*

Une autre fois, en l'absence de Thalberg, les Marx Brothers se glissèrent dans son bureau. Ils poussèrent la totalité des grands classeurs de la pièce devant les deux portes, interdisant toute entrée.

À son retour, Thalberg trouva portes closes.

Il dut attendre trois heures que les trublions daignent lui ouvrir.

*

Le producteur Sam Spiegel suggéra au réalisateur Elia Kazan de changer de nom.

« Pour lequel ? » s'inquiéta ce dernier.

Après un moment de réflexion, Spiegel finit par lui répondre :

« Cézanne ! Kazan, Cézanne, ce n'est pas si éloigné.

– Mais Cézanne est déjà le nom d'un peintre.

– Faites un succès et tout le monde oubliera qui est l'autre type ! »

Kazan garda son nom. Cézanne aussi.

*

Dans les années 1940, Charles Brackett et Billy Wilder – avant que ce dernier ne passe à la mise en scène – formaient un couple de scénaristes prolifiques et écrivirent ensemble pour Claudette Colbert *La Baronne de minuit* (1939), sous l'égide du producteur Arthur Hornblow. Celui-ci, comme c'était courant à l'époque, engagea un troisième scénariste, Ken Englund, pour lisser le scénario écrit par les deux hommes. Lorsque Englund remit sa copie, Hornblow le convoqua et lui dit : « C'est bien, mais le problème c'est qu'on perd un peu la patte de Brackett et Wilder avec votre version. Non, il faut que je le donne à quelqu'un d'autre, quelqu'un qui soit susceptible de conserver leur style. »

Englund proposa alors : « Mais pourquoi ne le passez-vous pas à Brackett et Wilder ? Ils sont à 100 mètres d'ici et ils ne font rien en ce moment. »

Le visage du producteur s'illumina alors : « Mais bien sûr, pourquoi n'y ai-je pas pensé plus tôt ? »

*

Le producteur Walter Wanger approcha un jour le scénariste Budd Schulberg dans l'idée de le faire collaborer sur un projet avec Francis Scott Fitzgerald.

« Fitzgerald, s'exclama Schulberg ! Je croyais qu'il était mort depuis longtemps !

– J'espère pas, répondit Wanger, je le paie 1 500 dollars par semaine ! »

*

Les patrons des grands studios hollywoodiens ne faisaient pas dans la dentelle. Tels des lions, ils chassaient d'un coup de patte les gêneurs.

Peter Falk (qui porte un œil de verre depuis l'âge de 3 ans), futur Columbo du petit écran, en fit l'amère expérience. Lorsqu'il postula auprès d'Harry Cohn, il s'entendit répondre : « Pour le même prix, jeune homme, je préfère m'offrir un acteur avec deux yeux. »

*

Lorsque *Casablanca* (1942, de Michael Curtiz) reçut l'oscar du meilleur film en 1943, le producteur exécutif Hal Wallis arriva sur la scène avant son patron, Jack Warner, et fit son speech le premier. Le lendemain matin, en arrivant au studio, où il s'attendait à être fêté par ses pairs, il trouva ses affaires dans des cartons devant la porte de son bureau, qui avait déjà été réattribué. L'après-midi même, le brillant producteur fut engagé par la Paramount.

*

Harry Cohn, patron de la Columbia, cultivait sa mauvaise réputation. Jusqu'à placer une photo de Benito Mussolini – qu'il avait rencontré à Rome – sur son bureau.

La pièce dans son entier était impressionnante : 10 mètres séparaient le siège de Cohn de la porte d'entrée. 10 mètres qui ressemblaient à un parcours du combattant pour qui devait affronter le maître des lieux.

Et quand l'un de ses (rares) amis lui demanda : « Pourquoi as-tu placé ton bureau à une distance pareille ? » Harry Cohn répondit : « Le temps qu'ils arrivent devant moi, ils sont déjà vaincus. »

*

Le scénariste Norman Krasna eut une sévère prise de bec avec son patron, Harry Cohn. Excédé, il finit par lui lancer :

« Vous êtes un salopard et un illettré. Vous êtes tellement illettré que je parie 1 000 dollars que vous ne savez même pas épeler le nom de votre propre compagnie.

– Vous voulez dire que je ne sais pas écrire Columbia ? Qu'est-ce que vous me chantez là ?... C-O-L-O-M-B-I-A !

– Erreur : c'est un U ! »

Cohn tomba des nues, mais paya sa dette.

Krasna savait que son patron ne saurait pas épeler le nom de sa société car il avait récemment reçu une note de Cohn ainsi libellée : « Vous travaillez pour Colombia, souvenez-vous-en ! »

*

Si beaucoup regrettèrent la puissance de travail d'Harry Cohn lorsqu'il disparut en février 1958, bien peu regrettèrent ses manières.

Il y eut néanmoins du monde, beaucoup de monde, à son enterrement. Ce qui fit dire au comique Red Skelton : « Voici la preuve de ce qu'a toujours affirmé

Cohn: "Donnez au public ce qu'il attend et il se déplacera en masse" ! »

*

Walt Disney était un producteur bienveillant. Sujet à des enthousiasmes un peu naïfs.

Lorsque ses collaborateurs vinrent lui faire écouter un panel de musiques choisies pour *Fantasia* (1946), Walt tomba sous le charme de l'une d'elles : « Le type qui a composé cette musique est un génie ! Engagez-le tout de suite ! »

Le type en question était Beethoven, et la symphonie, la 6e, connue aussi sous le nom de *Symphonie pastorale*.

*

Samuel Goldwyn comptait parmi les producteurs les plus exigeants et les plus difficiles à convaincre. Doté d'un optimisme à tous crins, il exigeait des fins heureuses pour chacun des films qu'il produisait.

Ce qui finit par irriter la scénariste Dorothy Parker, lassée de ces *happy end* à répétition. Un jour, elle prit son producteur à part et, d'une voix de maîtresse d'école, lui expliqua : « Je vais vous faire une confidence, monsieur Goldwyn : dans toute l'histoire du monde ont vécu des milliards et des milliards d'êtres humains. Aucun n'a eu une fin heureuse : ils sont tous morts ! »

*

Samuel Goldwyn, las d'employer toujours les mêmes scénaristes, demanda un jour à un de ses assistants de lui trouver du sang neuf, un illustre inconnu avec du talent, qui aurait une vision neuve des scénarios en cours d'écriture. Quelques jours plus tard, son assistant revint :

« J'ai trouvé l'animal rare, monsieur Goldwyn.

– Comment s'appelle-t-il ?

– C'est un jeune auteur de théâtre, John Patrick.

– Jamais entendu parler. Vous n'avez pas quelqu'un de plus connu ? »

*

Goldwyn était réputé pour ses pataquès qui aboutissaient à des formules complètement idiotes. Ils firent le tour de Hollywood au point d'être qualifiés de « goldwynismes ».

Comme on ne prête qu'aux riches, il est fort probable qu'une grande partie fut inventée par des auteurs malicieux.

Voici, néanmoins, un florilège :

Un accord verbal ne vaut pas le papier sur lequel il est écrit.

Si vous voulez quelque chose gratuitement, il faut payer pour l'obtenir.

N'épargnez aucuns frais pour économiser de l'argent.

Je n'ai peut-être pas toujours raison mais je ne me trompe jamais.

Quand je voudrai votre avis, je vous le donnerai.

Ne me parlez pas pendant que je m'interromps.

Je ne veux pas de béni-oui-oui autour de moi. Je veux que tout le monde dise la vérité même si ça leur coûte leur travail.

Si vous n'êtes pas en désaccord avec moi, comment ferai-je savoir que j'ai raison ?

Pour votre information, je voudrais vous poser une question.

J'ai eu une idée monumentale ce matin, mais je ne l'ai pas aimée.

Si nous ne réussissons pas, nous courons le risque d'un échec.

Dites-moi combien avez-vous aimé mon film.

C'est plus que magnifique : c'est médiocre.

Allez voir ce film et par vous-même vous saurez pourquoi il ne devrait pas être vu.

On ne doit pas rire de nos comédies.

Cette scène est ennuyeuse. Dites-lui de mettre plus de vie dans sa mort.

Ne faites jamais de prédictions, spécialement pour l'avenir.

Je n'ai jamais mis une paire de chaussures avant de les avoir portées au moins cinq ans.

La vie d'un célibataire n'est pas une vie pour un homme seul.

Oui, ma femme a de très belles mains, je vais en faire un buste.

Je ne crois pas que quelqu'un doive écrire son autobiographie avant d'être mort.

Un hôpital n'est pas un endroit pour être malade.

Quelqu'un qui va chez un psychiatre devrait se faire soigner la tête.

Vous devez prendre le taureau par les dents.
Si je pouvais tomber raide mort maintenant, je serais l'être vivant le plus heureux du monde.

*

Karl Malden, qui envisageait de passer à la réalisation, téléphona à Sam Goldwyn :
« J'aimerais faire un film sur Marlon Brando, qu'en pensez-vous ?
– Excellente idée !... Mais qui verriez-vous dans le rôle ?
– Eh bien... Marlon Brando lui-même...
– Pas question : il est trop petit ! »

*

Un temps, Samuel Goldwyn envisagea de porter à l'écran la vie de George Sand.
Un de ses collaborateurs lui fit remarquer que cela risquait de poser problème car cette illustre femme de plume avait été lesbienne.
« Aucune importance, répondit le producteur, on en fera une Hongroise ! »

*

Jack Warner avait pour habitude de faire une sieste entre 13 et 14 heures. Règle sacro-sainte à laquelle il ne dérogea que très peu. Sa secrétaire était chargée de faire barrage : pas d'appel, pas d'intrus.

Bette Davis, star parmi les stars, ne l'entendit pas de cette oreille. En colère à cause d'un tournage qui se passait mal, elle força la porte du patron et le réveilla en hurlant.

Calmement, Warner se dirigea vers son téléphone et appela sa secrétaire : « Mademoiselle, je suis en train de faire un cauchemar épouvantable, venez me réveiller, s'il vous plaît. »

*

Le père du producteur David O. Selznick ne manquait pas d'aplomb. Il travaillait déjà dans le cinéma mais plutôt du côté de la publicité. Au moment de la révolution de 1917, apprenant l'abdication du tsar Nicolas II, il lui fit parvenir un télégramme : « Ai appris que vous étiez actuellement sans travail. Suis prêt à vous garantir une bonne situation dans le cinéma si vous venez à New York. Salaire à votre convenance. Réponse à mes frais. Salutations à votre famille. »

*

L'acteur-réalisateur Richard Brooks a raconté par le menu ses démêlés dans les années 1950 avec un producteur dont, hélas, il n'a jamais dévoilé le nom.

« J'aimerais que vous fassiez un scénario... Vous connaissez le désert ?

– Le désert américain ?

– Non, nous ne voulons pas de western, trouvez-moi un autre désert.

– Le désert nord-africain ?

– Oh, les Touaregs, les hommes bleus... On a vu ça mille fois... Vous n'avez rien de mieux ?

– Le désert australien ?

– Ils ont un désert, eux ?

– Oui monsieur, ils ont un désert, un grand désert.

– Bon, mais qui seraient les méchants ?

– Là, franchement, je n'en sais rien. Je ne sais même pas quelle sera l'histoire !

– C'est quoi les autochtones en Australie ?

– Les Australiens, je suppose.

– Non, je veux dire les vrais autochtones, dans l'arrière-pays.

– Je crois, en effet, qu'ils ont un genre d'indigènes : les *bushmen* ou quelque chose comme ça.

– Des nègres ?

– Oui, enfin, ils sont plutôt foncés...

– Non, on va avoir des tas d'ennuis. Il faut trouver autre chose.

– Le désert de Chine ?

– C'est du déjà-vu.

– Les Indes.

– Non, ça fait trop anglais.

– Le désert turc ?

– Ça existe, ça ?

– Mais oui, mais oui...

– Très bien, vous n'avez qu'à écrire une histoire de désert turc. »

Brooks se mit à la tâche, se documenta sur le désert turc, la vie en Turquie et imagina l'histoire d'une femme qui s'émancipait dans cet univers très masculin. Une semaine plus tard, il envoya son projet au producteur. Qui ne l'apprécia pas.

« Qu'est-ce qui ne va pas ? s'enquit l'auteur.
– J'ai lu votre script : où sont les Touaregs ?
– Il n'y a pas de Touaregs en Turquie. »

Agacé, le producteur appela directement le consulat de Turquie pour demander des explications. Une nouvelle discussion s'engagea avec un diplomate :

« Écoutez, mon vieux, nous avons un projet de film formidable pour votre beau pays... Qui sont les indigènes en Turquie ?

– Les Turcs, voyons.

– Oui, bien sûr, mais je veux dire des indigènes dans l'arrière-pays, des gens un peu à part, comme les Peaux-Rouges ici.

– Ah, je comprends... Eh bien, nous avons des problèmes avec les Kurdes.

– Les Kurdes ? Qu'est-ce que c'est que ça ? Ça fait un peu... sale, non ? Enfin, merci beaucoup. »

L'homme se retourna vers Brooks en le sommant de revenir à l'Afrique du Nord. Au terme de longues journées de recherche et d'écriture, apparut une histoire tournant autour de la construction du canal de Suez. Quand la copie fut remise, la réaction fut identique :

« Où sont les Touaregs ? Où sont ces enfants de putes de Touaregs ? Je ne vois pas un seul salopard de Touareg dans votre truc.

– Mais, monsieur, ce sont les Anglais qui voulaient empêcher la construction du canal de Suez, pas les Touaregs !

– Après tout, vous avez peut-être raison. Ça se passe à quelle époque ?

– Un peu avant la construction du canal, vers 1830, 1832.

– 1832 ? Mais c'est un truc sur les hommes des cavernes ou quoi ? »

Excédé, Richard Brooks rendit son tablier.

*

Wes Craven, grand maître du cinéma d'horreur, reçut un jour en plein tournage de *Scream* (1996) un coup de fil d'un assistant de son producteur, Bob Weinstein : « Bob vient de voir les rushes avec le tueur masqué et il a cru que c'était une blague. Il dit qu'il n'a jamais donné son accord pour le masque. Il veut que vous arrêtiez le tournage, le temps d'en parler avec lui. »

Craven crut à une blague, mais ce n'en était pas une. Il trouvait le masque, inspiré du tableau de Munch, *Le Cri*, formidable. Il refusa d'interrompre le tournage de son film. Nouveau coup de fil de l'assistant de Weinstein :

« OK, tu peux tourner, mais uniquement des scènes sans le tueur masqué. Le temps qu'on prenne une décision pour le masque.

– Je tourne justement les scènes avec le tueur », répondit Craven.

Silence à l'autre bout du fil, puis : « Bon, je vais demander à Bob. »

Quelques minutes plus tard, nouveau coup de fil :

« Bob est OK pour que tu continues à tourner les scènes avec le tueur, mais il te demande de tourner chaque scène avec quatre masques différents jusqu'à ce qu'il décide lequel il préfère.

– Tu te fous de moi, j'espère que tu te fous de moi, tu veux que je demande à un acteur de faire la même scène quatre fois avec quatre masques différents ? »

Finalement, Craven proposa à Bob Weinstein de lui montrer un premier montage de son film, fait à la va-vite, si le producteur l'aimait, Craven continuerait à tourner selon son idée, sinon il se plierait aux injonctions de son producteur. Heureusement, Bob aima, et Craven retrouva toute liberté pour finir le film.

*

Dialogue entre un producteur que nous aurons la délicatesse de ne pas nommer et le scénariste Daniel Boulanger, venu suggérer d'adapter Balzac à l'écran :

« Ne me parlez pas de Balzac ! Il n'a rien écrit de valable... À part, peut-être, *Le Rouge et le Noir*.

– *Le Rouge et le Noir*, c'est de Stendhal.

– Qu'est-ce que je vous disais : son seul bon roman n'est même pas de lui ! »

*

Charlie Chaplin produisit quelques films sans en être le réalisateur. Parmi eux, *The Sea Gull* (1926) qu'il confia à Josef von Sternberg.

En réalité, l'idée de Chaplin était de relancer la carrière de son amie Edna Purviance, qui avait besoin d'un sérieux coup de pouce.

Sternberg n'en fit qu'à sa tête et sacrifia le rôle de Purviance au profit de celui joué par Eve Southern. Lorsque Chaplin vit le résultat, il entra dans une colère noire... et brûla le négatif du film.

The Sea Gull est un film qui n'existe plus.

*

Un jour, Ettore Scola confia à un producteur italien qu'il n'allait guère voir les films des autres. Celui-ci lui répondit, étonné: « Ah bon ! Mais alors d'où tirez-vous vos idées ? »

*

En 1927, le metteur en scène d'origine hongroise, Michael Curtiz céda aux avances d'Harry Warner qui, depuis des années, le priait de venir travailler dans ses studios à Hollywood. Il quitta donc l'Allemagne – où il s'était réfugié après la guerre civile de 1919 en Hongrie – en bateau et arriva un beau jour d'été en vue du port de New York. Là, le spectacle qui l'attendait le laissa muet d'admiration: sur le quai, il y avait des fanfares, des drapeaux, des gens qui défilaient. Il descendit du bateau et fut accueilli par des représentants de la Warner, des journalistes et des photographes. Tout ébloui par l'animation générale qui régnait dans les rues, dans la voiture qui l'accompagnait jusqu'au studio, il demanda à l'une des personnes de la Warner:

«Je n'aurais jamais imaginé un tel accueil ! C'est fantastique ! Dites-moi, Harry fait cela pour tous les metteurs en scène qu'il fait venir d'Europe ?

– Euh, non, répondit l'homme un peu embarrassé, juste pour ceux qui arrivent un 4 juillet. »

*

Le producteur Raymond Enger eut une idée géniale qu'il s'empressa de proposer à Claude Chabrol : un crime dans un camp de nudistes.

Réponse de l'intéressé : « Formidable ! Nous allons essayer de trouver l'endroit où on va cacher l'arme du crime... »

*

Louis de Funès : « J'avais fait un film qui sortait à Paris un 1er septembre. Or, il a fait beau pendant quarante jours consécutifs, un soleil de canicule. Les gens n'allaient pas au cinéma, les recettes avaient baissé. J'ai été voir le producteur et j'ai senti dans son œil que je ne valais plus rien. Inutile d'insister. Je lui ai dit au revoir. D'habitude, il m'accompagnait jusqu'à l'ascenseur. Là, je n'ai pas eu droit à l'ascenseur... Sur ce, il y a eu un petit coup de pluie huit jours après, très léger, une petite bruine. Alors, les recettes ont monté. Je suis retourné voir le producteur. Il avait un œil un peu plus vif. Et j'ai eu droit à l'ascenseur ! »

*

Jean-Marie Poiré résume la mentalité des producteurs : « Un producteur s'amuse beaucoup plus avec une scène de deux personnes qui discutent dans une chambre qu'avec une scène contenant 5 000 figurants ou un avion qui s'écrase... J'ai toujours entendu les producteurs dire : "Ce n'est pas tellement drôle ce truc-là" quand il s'agit d'une scène compliquée alors qu'aucun ne vous embêtera jamais pour une scène trop longue qui se passe dans un restaurant car celle-là ne coûte pas cher à tourner ! »

*

Pour conclure, le scénariste-réalisateur Joseph Mankiewicz aimait raconter cette histoire : « Un scénariste, un réalisateur et un producteur sont perdus en plein désert. Soudain, le scénariste découvre sous une pierre, à l'abri du soleil, une boîte de jus de tomate. Le réalisateur tire alors son canif de sa poche et s'apprête à l'ouvrir quand le producteur se précipite et s'écrie : « Attendez ! Vous ne pouvez pas boire avant que j'aie pissé dedans ! »

Castings stories

« Les acteurs ne sont pas des animaux !
Ce sont des êtres humains !
– Des êtres humains ?
As-tu déjà mangé avec l'un d'eux ? »
Les Producteurs
Dialogues de Mel Brooks

Aux dires de Danny DeVito, l'un des plus flagrants « miscastings » – comme on dit à Hollywood – serait celui de *Proposition indécente* réalisé par Adrian Lyne (1992).

On se souvient que dans ce film une jeune épouse (jouée par Demi Moore) se voit offrir 1 million de dollars pour passer la nuit dans le lit de... Robert Redford !

« Des milliers de femmes auraient payé 1 million pour coucher avec Redford, s'indigna DeVito. Le film aurait été beaucoup plus crédible si c'est moi qui avais été à la place de Redford. »

*

Après avoir été la créature de *Frankenstein* dans Le Fils de Frankenstein de Rowland V. Lee (1939), Boris Karloff faillit devenir l'homme invisible. Pourtant, Universal lui préféra un acteur plus « intellectuel », Claude Rains.

Choix d'autant plus singulier que le personnage apparaît durant presque tout le film le visage bandé (quand il n'est pas invisible). Ce n'est qu'à la dernière minute qu'il montre son véritable faciès.

D'ailleurs, Rains finit par demander qu'on le remplace pour de nombreuses scènes par une doublure bandée.

*

En 1950, au Mexique, durant la préparation de *La Montée au ciel*, Buñuel cherchait un acteur amateur pour jouer Oliverio, le héros du film. Durant un casting, il tombe sur un jeune fleuriste, Marquez, qui, voulant le rôle à tout prix, raconte au metteur en scène qu'il a pris des cours de comédie avec les plus grands, qu'il a joué dans de nombreux films. Buñuel, amusé, lui dit qu'il est intéressé et que, « comme c'est la coutume au cinéma », il ne demandera à son acteur que 100 pesos par gros plan. Fou de joie, Marquez répond au metteur en scène qu'il connaît évidemment cette coutume, et qu'il est prêt à lui donner des milliers de pesos pour bénéficier de nombreux gros plans. Cela fit tellement rire Buñuel qu'il l'engagea pour le rôle principal.

*

Sur le tournage de *L'homme qui voulut être roi* (1975) qui se déroula au Maroc, John Huston fit un casting pour trouver un comédien local afin d'interpréter le rôle du grand prêtre de la tribu. Aucun des candidats ne retint son attention, ce qui posait un réel problème, le tournage des scènes avec le grand prêtre approchant. Un matin, Huston avisa sur le plateau un vieil homme qui avait le physique parfait pour le rôle. Il demanda qui il était, on lui expliqua que c'était le veilleur de nuit chargé de surveiller le plateau après chaque journée de travail. Huston alla le voir et le convainquit d'accepter le rôle. Les deux premiers jours de tournage, l'apprenti comédien était parfait. Néanmoins, le troisième jour, il commença à oublier son texte, le quatrième, il s'endormit au milieu d'une scène. Huston, catastrophé, le prit à part et lui demanda ce qui n'allait pas. Le pauvre homme lui confia qu'il n'arrivait pas tenir le rythme, que quatre jours sans dormir, c'était trop pour lui. En effet, personne n'avait pensé, suite à cette « promotion », à le relever de ses fonctions de veilleur de nuit, qu'il remplissait toujours avec le plus grand sérieux !

*

Pour *Superman Returns* (2005), de Bryan Singer, nombreux furent les acteurs à postuler pour le rôle-titre, de Brett Ratner à Josh Hartnett en passant par Ashton Kutcher. Ce fut finalement Brandon Routh, un acteur débutant, qui décrocha le rôle d'une bien curieuse façon. Lors de sa première audition, le comédien était en effet tellement nerveux qu'il renversa sa tasse de café sur l'ordinateur portable de Bryan Singer ! Une seconde, il vit ses chances compromises, mais Singer éclata de rire, en lui disant que c'était exactement ce que Clark Kent aurait fait dans la même situation !

*

Première rencontre de Fellini et de Mastroianni sur une plage de Fregene. Le metteur en scène, qui cherchait un acteur pour *La Dolce Vita* (1960), expliqua d'entrée que son producteur d'alors, Dino De Laurentiis, voulait Paul Newman pour le rôle principal, mais que lui préférait avoir un visage complètement banal. Raison pour laquelle il avait pensé à Mastroianni. Beaucoup de comédiens auraient été froissés par la franchise du Maître, qui, pour le coup, fit beaucoup rire Mastroianni. Lorsque celui-ci demanda quelques minutes plus tard à voir le scénario, Fellini lui tendit un dossier dans lequel il y avait un simple dessin représentant un homme en train de nager, le sexe descendant jusqu'au fond de la mer, entouré par un ballet de sirènes, comme dans les films d'Esther Williams. « Ça m'a effectivement l'air très intéressant, fit Mastroianni, où dois-je signer ? »

*

Un soir de beuverie, le jeune Mel Gibson, aspirant comédien, est pris dans une bagarre. Le lendemain, il se présente à un casting de film le nez cassé, un bandage autour de la tête, la mâchoire déboîtée. Ravi de cette apparition incongrue, le metteur en scène, George Miller, lui donna immédiatement le rôle-titre de *Mad Max* (1982), qui devait rendre l'acteur célèbre dans le monde entier.

*

Bertrand Blier raconte : « J'avais un projet de film avec Michel Simon, j'avais écrit une adaptation de *L'Écume des jours* de Boris Vian et je voulais qu'il joue un type qui va en surboum ! Je lui donne le scénario, il le lit, il vient dîner chez moi, encore tout noir de fumée – il tournait *Le Train* de Frankenheimer – et il me dit : "Écoutez, je n'ai rien compris à votre scénario mais je fais le film juste parce que vous avez écrit cette phrase : 'Ils sont assis sur des gradins dauphinois.' Quelqu'un qui écrit ça, il ne faut pas le laisser passer !" »

*

Charles Laughton devait jouer le juge de *Témoin à charge* de Billy Wilder (1957) d'après Agatha Christie. La production n'était pas convaincue : serait-il capable de jouer un personnage miné par une maladie cardiaque ?

Laughton laissa planer le doute. Jusqu'au jour où il s'écroula au bord de sa piscine. Victime d'un malaise cardiaque. Son épouse et un ami le transportèrent à l'intérieur de la maison où ils voulurent appeler un médecin. À ce moment, Charles se releva en pleine forme : il avait simulé la crise cardiaque.

« Convaincant, non ? » demanda-t-il.

*

On demanda à Jean-Pierre Mocky pourquoi son projet de film avec Mickey Rourke était tombé à l'eau : « Je le présente à mon producteur dans un bar d'hôtel. Mickey boit comme un trou et, ivre mort, il va aux toilettes. Il revient et s'installe à une autre table, face à deux inconnus et continue la discussion, croyant que c'était nous ! Le producteur est bien sûr parti furieux. »

*

Noel Coward fut la première personne contactée pour jouer le méchant docteur dans *James Bond 007 contre Dr. No* (de Terence Young (1962)).

Sa réponse fut laconique. Il envoya un télégramme à la production : *« Dr. No ? No ! No ! No ! »*

*

Pour le grand public, Charlton Heston fut surtout Moïse (dans *Les Dix Commandements*) et Ben-Hur.

Pourtant, ce dernier rôle faillit lui échapper. Au profit, successivement, de Rock Hudson, Burt Lancaster et Paul Newman.

Le premier trouva le scénario inepte.

Le deuxième jugea douteuse l'idéologie du scénario.

Le troisième expliqua qu'il n'avait pas d'assez jolies jambes pour porter la tunique (en réalité, il gardait un très mauvais souvenir de son premier film – et unique péplum : *Le Calice d'argent* (de

Victor Saville (1954), qu'il qualifia de « pire navet des années 1950 »).

*

À propos du *Calice d'argent* : Paul Newman en avait tellement honte que lorsque ce film fut diffusé pour la première fois à la télévision, il acheta des pages dans les grands journaux américains pour s'excuser auprès du public d'avoir joué dans un tel navet.

*

Sean Young, comédienne pleine de dynamisme, s'était fait remarquer en androïde dans *Blade Runner* (de Ridley Scott (1982)). Elle confirma sa lancée grâce à *Sens unique* (1986) de Roger Donaldson, aux côtés de Kevin Costner et Gene Hackman. Cela lui valut d'être contactée par deux producteurs aux dents longues, Jon Peters et Peter Gruber, qui mettaient sur pied un gigantesque projet : *Batman*.

Young signa avec empressement, sentant bien que le rôle de Vicki Vale risquait d'avoir un impact considérable sur sa carrière. Le film comportant moult cascades, elle s'entraîna d'arrache-pied, se consacrant plus spécialement à l'équitation car l'une des scènes de *Batman* prévoyait une fuite à cheval avec sauts d'obstacles.

Deux semaines avant le début des prises de vues, elle fit une mauvaise chute. Fracture de l'épaule. Impossible pour elle de jouer dans le film.

Elle fut remplacée par Kim Basinger.

Ironie de l'histoire : la scène de cascade qu'elle avait répétée fut finalement supprimée du scénario définitif !

*

Pour le rôle-titre de *Flashdance* (d'Adrian Lyne (1983)), trois comédiennes restaient en lice après les premiers essais, parmi lesquelles Jennifer Beals et Demi Moore. Ne parvenant pas à faire un choix, le producteur, Michael Eisner, excédé, sortit dans les couloirs de la Paramount, rameuta le maximum d'hommes présents dans les locaux, des cadres aux techniciens en passant par les coursiers, organisa à la va-vite une projection des trois bouts d'essais, donna à chacun un papier avec cette seule question : « Avec laquelle préféreriez-vous coucher ? » Jennifer Beals remporta la majorité des suffrages et décrocha le rôle.

*

Monica Bellucci campa une Cléopâtre à l'accent italien face à Astérix dans le film d'Alain Chabat.

En fait, le rôle avait d'abord été proposé à Isabelle Adjani, qui ne put l'interpréter pour cause de rentrée théâtrale. Ensuite, aux dires de Chabat, il y eut une autre candidate possible. Ou plutôt : « Il y a eu un candidat : Dominique Farrugia. Il avait essayé les robes, il était magnifique. Il était le rôle mais beaucoup trop cher pour notre petit budget. J'ai dû renoncer à lui et, depuis, nous sommes dans un micmac juridique : il nous menace de procès... On le voit quand même dans les bandes-annonces... Pour être sérieux, j'aurais bien voulu avoir Dominique dans mon film mais il n'était pas libre pour des problèmes de dates, comme Adjani ! »

*

Jean Reno, qui mène une carrière à la fois en France et aux États-Unis, fut pour le moins étonné de se voir contacté pour le deuxième opus de *Mission impossible* : « La productrice, Paula Wagner, n'arrêtait pas de me dire que j'étais bien et qu'elle me voulait dans le 2. J'ai eu beau lui répéter que mon personnage mourait dans le 1, elle me répondait que ça n'avait aucune importance... Par moments, ils sont assez obtus, les Américains. »

*

Du temps des grands studios hollywoodiens, les stars étaient sous contrat et ne pouvaient pas refuser un rôle imposé par leur grand patron.

Clark Gable détesta jouer un professeur de danse dans *Le Tourbillon de la danse* réalisé par Robert Z. Leonard (1933). Il fit preuve d'une évidente mauvaise volonté. Pour le punir, Louis B. Mayer le força à jouer dans *New York-Miami* de Frank Capra (1934).

Résultat : Clark Gable gagna l'oscar du meilleur acteur !

*

Lorsqu'un producteur décide de transformer en film une comédie musicale qui connaît un triomphe à Broadway, la logique voudrait qu'il engage les mêmes acteurs. Mais la logique n'a pas cours dans l'industrie du cinéma : les vedettes du théâtre sont rarement des stars du grand écran. D'où leur remplacement.

Ce qui faillit arriver à Rex Harrison au moment de la préparation de *My Fair Lady* (1964), de George Cukor, rôle qu'il avait pourtant créé sur scène. À cette différence que Harrison était connu au cinéma.

Jack Warner, qui avait vu le *Cléopâtre* de Joseph L. Mankiewicz (1963), le jugea beaucoup trop vieux pour incarner le professeur Higgins. Il se tourna vers Peter O'Toole. Qui demanda trop cher.

Harrison en profita pour envoyer à Warner un courrier dans lequel il expliqua qu'il s'était blanchi les cheveux pour *Cléopâtre* parce qu'il jouait César à la fin de sa vie, malade et fatigué. Lettre qui fut accompagnée de photos récentes le montrant en pleine santé.

Au même moment, Cary Grant fut approché. Il répondit sèchement : « Non seulement je refuse ce rôle, mais si Rex Harrison ne le fait pas, je refuse d'aller voir le film ! »

Jack Warner céda.

*

Louis de Funès n'aurait jamais dû jouer dans la série des *Fantomas*.

À l'origine, le réalisateur André Hunebelle souhaitait reformer le duo gagnant du *Bossu* (1959) :

Jean Marais-Bourvil. Si le premier accepta sans hésiter, le second émit des réserves car il s'était senti faire-valoir dans *Le Bossu*. Du fait de son refus, de Funès fut engagé.

Étonnamment, ce fut au tour de Jean Marais de se sentir le faire-valoir du comique !

*

Un acteur payé pour ne pas jouer : ça existe !

Pour incarner Al Capone dans *Les Incorruptibles* (1987), Brian de Palma engagea Bob Hoskins qui avait une certaine ressemblance physique avec le célèbre gangster.

Or, en cours de tournage, Robert De Niro fit savoir qu'il était intéressé par le rôle. Branle-bas de combat du côté de la production qui se demanda comment s'adjoindre la collaboration de l'un des plus grands, et des plus célèbres, acteurs de sa génération.

La solution fut trouvée quand Hoskins accepta de céder sa place. Il reçut tout de même un fort dédit : 200 000 dollars !

*

John Gavin connut une mésaventure similaire.

Lorsque, au lendemain de *Au service secret de Sa Majesté* (1969), de John Glen et Peter Hunt, il fallut trouver un nouveau James Bond pour remplacer le peu glorieux George Lazenby, ce fut lui. Gavin avait été remarqué pour sa prestation dans *Spartacus*

(1960), de Stanley Kubrick dans le rôle de César mais était surtout connu pour son (court) rôle dans *Psychose*.

Il signa donc pour incarner le célèbre agent secret dans *Les diamants sont éternels* de Guy Hamilton (1971).

Ce qu'il ne savait pas était que, dans la coulisse, les producteurs négociaient avec Sean Connery pour qu'il incarne de nouveau le personnage qui l'avait rendu célèbre. Après des mois et des mois de tractation, l'Écossais finit par accepter.

Il fallut se débarrasser de Gavin. Il conserva l'intégralité de son cachet sans avoir joué la moindre scène (excepté pour les essais).

Cela modifia le cours de son existence : déçu par le cinéma, il finit par se lancer dans la politique et finit ambassadeur des États-Unis au Mexique.

*

Alec Guinness et William Holden furent traités différemment au moment de la signature des contrats du *Pont de la rivière Kwaï* de David Lean (1957).

Le premier, pensant que le film ne serait pas un grand succès, préféra du cash.

Le second accepta d'être payé en partie au pourcentage sur les bénéfices à venir. Toutefois, craignant le fisc, il demanda un échelonnement des versements : pas plus de 50 000 dollars par an car, au-delà, il serait fortement taxé.

Le *Pont de la rivière Kwaï* fut un triomphe planétaire. Holden toucha régulièrement ses 50 000 dollars (indexés sur l'inflation). À sa mort, la production lui devait encore de l'argent.

*

« Je lis un scénario qui commence comme ça : "Le port de Dunkerque sous la pluie en février. Un homme famélique, grelottant, en haillons, marche sur les quais. Il fouille dans sa poche. Il y trouve une pomme entamée. Il la croque avidement." Je lis l'autre scénario qui commence comme ça : "Les Caraïbes, une plage blanche sous les palmiers. Un superbe quinquagénaire en costume de soie blanche et panama, une main sur un sein, l'autre sur un verre de punch." Tu choisis de tourner quoi, toi ? »

Ainsi Jean Yanne expliquait-il ses choix cinématographiques !

*

Robert Mitchum n'était pas très différent.

Selon ses dires, à propos de son rôle dans *L'Affrontement* de Herbert B. Leonard (1972) : « J'ai eu le script de *L'Affrontement*, en même temps qu'un autre sur un musicien de jazz vivant à San Francisco. Alors, je me suis demandé : dois-je jouer un musicien de jazz à San Francisco ou partir tourner dans je ne sais quel foutu bled de Pennsylvanie et vivre dans un infâme motel durant deux mois ?... Puis, deux gars sont venus. On a bu un verre ou deux et j'ai signé leur contrat. Au moment de sortir, je leur ai dit que je les reverrai à San Franciso et ils ont eu un air un peu bizarre... Savez-vous ce que j'avais fait ? J'avais signé pour le mauvais film ! »

*

La Bataille de Midway de Jack Smight (1976) se voulait une superproduction à la gloire de l'armée américaine avec un casting de stars.

Mitchum fut contacté. Il n'avait guère envie d'y participer.

« Ils voulaient que je joue le général Fletcher, raconta-t-il. Dix semaines de travail ! "Désolé, leur ai-je répondu, mais je ne peux pas partir si longtemps." Alors, ils m'ont proposé un rôle de cinq semaines. C'était encore trop long pour moi. Finalement, ils m'ont rappelé pour m'offrir le rôle de Bull Halsey. "Combien de temps ?" ai-je demandé. "Un jour, ont-ils répondu, et cela se passe dans un lit d'hôpital " "Je prends !"... »

*

Auteur complet, scénariste et metteur en scène, Bertrand Blier confie s'être laissé emporté par un enthousiasme de moyen aloi lors de l'écriture de *Notre histoire* (1984) : « Je me suis fait plaisir avec le personnage de Galabru, qui était d'abord un rôle tout à fait mineur. L'idée qu'il puisse vampiriser l'histoire m'a beaucoup plu. J'en ai donc fait des pages et des pages, je ne pouvais plus m'arrêter, c'était jubilatoire. Faire un film avec Delon et donner la vedette à Galabru, c'était assez réjouissant. On le paie après. »

*

Avant de trouver le comédien idoine, les scénarios passent entre de nombreuses mains. Logiquement, les producteurs s'adressent d'abord aux acteurs les plus célèbres car les plus populaires ; ensuite, ils descendent l'échelle, échelon par échelon.

À la fin des années 1990, George Clooney ne figurait pas en tête de liste : « Tous les scénarios que je reçois sont passés entre les mains de Mel Gibson, constatait-il. Normal : je suis beaucoup moins cher que lui. Je ne récupère les bons sujets que quand il a déjà un film en préparation, c'est pour ça que je souhaite qu'il travaille de plus en plus. Mais les choses sont en train de changer : bientôt, c'est lui qui récupérera les scénarios que j'aurai refusés. »

*

Pour savoir s'il allait travailler avec un réalisateur, Michel Serrault possédait une méthode infaillible : « Je tiens à manger avec les gens qui vont faire le film. Il faut que ce soit dans un endroit tranquille où l'on puisse discuter. Et là, j'observe le metteur en scène. Déjà, son choix du restaurant est très important. S'il veut m'en foutre plein la vue et m'emmène dans un endroit très cher où on mange mal, il a tout faux. Tout le déjeuner est un test formidable. Si le type fait semblant de connaître les vins alors qu'il n'y connaît rien, il se rend ridicule. Celui qui ne sait pas quoi prendre me paraît trop hésitant ; celui qui prend un truc élaboré genre huître avec un escargot dessus me paraît dangereux, etc. Pour moi, le bon critère, c'est la bonne franquette ! Surtout qu'il ne cherche pas à m'épater parce qu'à mon âge j'ai été mangé dans pas mal de restaurants, des chers et des moins chers. Ce n'est pas ça qui pourra me séduire. Il n'y a pas longtemps, on m'a attiré dans un restaurant très chic pour m'épater, j'ai mangé trente plats. Ça a défilé pendant des heures et les plats, c'étaient des petites conneries immangeables. Nul. Je n'avais aucune envie de faire un film avec ce type. »

Préparatifs

« Nous, on aime l'effort, mais on ne le pratique pas. »
Les Démons de Jésus
Dialogues de Bernie BONVOISIN

On demanda à Robert Mitchum quelle était sa méthode de jeu. « J'ai trois ressources : regarder à gauche, regarder à droite, regarder devant moi, répondit-il. Le modèle absolu pour moi, c'est Rintintin. Un clébard qui se fichait comme la peste des motivations de son personnage et de toutes ces foutaises. J'essaie de l'imiter, je l'avoue. »

*

Orson Welles rêvait de jouer le pirate Long John Silver dans *L'Île au trésor* de John Hough (1973).

Au moment où il fut approché, il émit deux exigences.

La première fut de tourner le script qu'il avait écrit et non celui qu'on lui soumettait.

La deuxième fut de pouvoir apporter son propre costume et son perroquet (sur l'épaule).

Accordées !

Lorsqu'il arriva sur le plateau de tournage, en Espagne, il plongea ses tenues dans des litres de café noir, les fit sécher puis les replongea. Et ainsi de suite. Quand il en eut fini, il les frotta avec du cirage et des cendres de cigarette. Jamais costume de pirate ne parut à ce point authentique !

*

Spencer Tracy insistait toujours pour que son nom figure en premier en haut de l'affiche, quelle que soit sa partenaire féminine. À quelqu'un qui lui demandait pourquoi il ne voulait pas que ce soit les femmes d'abord, il répondit : « C'est un film, pas un canot de sauvetage ! »

*

Gregory Peck s'amusait à noter, à chacun de ses films, ce qui ne lui convenait pas. Il inscrivait tout et n'importe quoi. Et pour son contrat suivant, toutes ses notes étaient incluses.

Au final, ses contrats comportèrent plusieurs dizaines de pages et étaient considérés comme les plus complets d'Hollywood.

*

Le comédien Peter Ustinov était un grand amateur de cigares. Sur le tournage de *Jésus de Nazareth*, de Franco Zeffirelli (1977), la production lui demanda de s'abstenir de fumer, du fait des risques d'incendie. Ustinov refusa. Le studio engagea donc un pompier, spécialement pour garder un œil sur lui. Le salaire de celui-ci fut ensuite déduit du cachet d'Ustinov, avec sa bénédiction.

*

Raimu espéra faire monter les enchères pour *César* (1936), troisième volet de *La Trilogie marseillaise* de Marcel Pagnol. Il se savait indispensable et pensa que, en faisant traîner un peu les choses, il verrait son salaire augmenter.

Finalement, Marcel, qui était aussi producteur, le convoqua pour parler du contrat.

Raimu arriva à 11 heures précises. Il apprit que Pagnol serait en retard. Sa secrétaire proposa au génial comédien d'attendre son ami dans son bureau. Raimu entra, s'assit dans un fauteuil et patienta. Pas longtemps.

Au terme de quelques minutes, il se leva en bougonnant pour faire les cent pas. Sur le bureau de Pagnol, il remarqua un scénario : *César* de Marcel Pagnol.

Cédant à la curiosité, il l'empoigna et l'ouvrit à la première page.

Le choc !

Les premiers mots du script étaient : « Le film commence par l'enterrement de César. »

Raimu comprit qu'on n'avait pas besoin de lui. Mort dès la première seconde !

Sur ces entrefaites, Pagnol, qui se cachait dans la pièce à côté, entra.

« Pour le cachet, c'est d'accord, ce sera comme d'habitude, lui dit Raimu. Mais tu ne peux pas me faire ça.

– Mais, quoi, Jules, de quoi tu parles ?

– Tu ne peux pas m'enterrer à la première image du film ! »

Pagnol lui affirma que c'était une erreur de sa secrétaire. Il n'était pas question de tuer César au début du film.

Raimu en fut immensément soulagé.

Mais il venait de tomber dans le piège tendu par Marcel : il avait accepté son cachet habituel...

*

Les contrats de Clark Gable, dans les dernières années de sa vie, stipulaient que l'acteur ne serait disponible que huit heures par jour, de 9 heures du matin à 5 heures de l'après-midi. Il était d'une ponctualité rare, aussi bien lorsqu'il arrivait, que lorsqu'il s'en allait. À 5 heures moins le quart, il criait sur le plateau : « Plus qu'un quart d'heure ! » et quinze minutes plus tard, très exactement, il s'en allait, et ce même s'il était au beau milieu d'une scène ! « Si je reste une seule fois cinq minutes de plus, confia-t-il, le lendemain, ce sera dix, puis quinze, puis vingt, et ce sera le début de la fin ! »

*

Dans son autobiographie, Tony Curtis parle à sa manière de ses contrats : « J'ai toujours pensé qu'une des clauses en petites lettres de mes contrats Universal précisait que je devais coucher avec toutes mes partenaires. J'étais persuadé que cette clause faisait partie du contrat et, à deux ou trois exceptions près, je l'ai toujours honorée. Parmi les exceptions, il y a eu Jack Lemmon, mon partenaire dans *Certains l'aiment chaud*, qui, comme moi jouait le rôle d'un travesti. Je n'ai jamais couché avec lui. Je crois que je n'aurais pas trouvé ça correct. Je suis resté insensible à ses charmes, sans doute parce que je le respectais trop. De toute façon, il ne m'attirait pas. »

*

Tony Curtis et Jack Lemmon, déguisés en femmes pour *Certains l'aiment chaud* de Billy Wilder (1959), apprirent à marcher avec des talons hauts en arpentant les couloirs du studio.

Le premier jour, ils s'amusèrent à entrer dans les toilettes des femmes. Plusieurs personnes du beau sexe étaient présentes. Aucune ne fit la moindre remarque.

Les deux comédiens surent que leurs costumes et leurs attitudes étaient les bons.

*

Lors de la préparation de *Règlements de comptes à OK Corral* de John Sturges (1957), Kirk Douglas, qui allait interpréter Doc Holliday, vint un jour voir

Burt Lancaster, qui jouait Wyatt Earp dans le film, pour lui demander comment il envisageait le rapport entre leurs deux personnages, figures bien connues du Far West américain. Burt Lancaster lui répondit : « Pour moi, on est un couple d'homos préfreudiens. On est amoureux l'un de l'autre, mais on ne sait foutrement pas quoi faire de ce sentiment, alors on se contente de se lancer des œillades et de grogner. »

*

Brad Pitt et Eric Bana passèrent de longues semaines pour chorégraphier leur duel dans *Troie* de Wolfgang Petersen (2004).

Bien entendu, ils se servirent d'épées factices mais mémoriser leurs coups ne fut pas toujours chose aisée, surtout dans le feu de l'action. En conséquence, les deux comédiens établirent une règle : chaque coup porté déclencherait une amende, 50 dollars pour un coup léger et 100 pour un coup fort.

À la fin de l'entraînement, le résultat fut le suivant : Eric Bana = 750 dollars ; Brad Pitt = 200 dollars.

*

Bruce Willis, qui adore la préparation physique, fut surpris de constater des variations de poids au moment du *Dernier Samaritain* (1991) : « Au début de mes six mois d'entraînement, avant le tournage, je pesais 80 kilos. Mon poids a grimpé jusqu'à 102 kilos. Au premier jour de tournage, je pesais 97 kilos et, à l'ultime "moteur" du réalisateur Tony Scott, seulement

82 ! Dans certaines scènes, je suis vraiment balèze et, dans d'autres, je semble aussi maigrichon que Michael Jackson ! »

*

Samuel L. Jackson confie qu'il a longtemps pris des drogues dures. Durant des années, alors qu'il était alors un acteur de second rôle dont on commençait à parler, sa femme fit tout pour l'aider à s'en sortir, mais il était tellement convaincu qu'il ne pourrait pas jouer aussi bien en étant clean, qu'il refusait tout traitement. Jusqu'au jour ou il fit une overdose. Là, il comprit que sa vie était en péril et décida de s'en sortir. Après une cure longue et douloureuse, le film dans lequel il fit son retour fut celui qui allait véritablement lancer sa carrière, *Jungle Fever* (1991), de Spike Lee. Dans lequel il interprétait un fumeur de crack.

*

Dale Dye est une célébrité dans certains milieux hollywoodiens.

Une célébrité peu commode : cet ancien capitaine des marines, vétéran du Vietnam, multi-décoré, entraîne les acteurs pour la plupart des films de guerre. Il a notamment participé aux préparatifs de *Platoon* (1986) et *Né un 4 juillet* (1989), tous deux réalisés par Oliver Stone.

Pour *Il faut sauver le soldat Ryan* (1998), Steven Spielberg lui confia la dure mission de transformer un groupe de huit acteurs pas particulièrement connus pour leurs prouesses physiques en d'authentiques répliques de soldats de la Seconde Guerre mondiale préparés depuis des semaines à débarquer dans des conditions extrêmes sous le feu ennemi.

« Je pense, annonça Dye avec une mentalité typiquement militaire, qu'il existe une certaine communauté d'esprit parmi les hommes et les femmes qui se battent pour leur pays et, pour comprendre ce sentiment, les acteurs doivent subir les épreuves qu'affrontent les combattants partout dans le monde. Ainsi, je les plonge le plus possible dans ce mode de vie. Je les emmène sur le terrain, je les nourris de rations militaires, je les fais ramper et dormir dans la boue, le froid et la saleté. Au bout du compte, si j'ai bien rempli ma mission, ils ont une petite notion de ce que les soldats endurent pour servir leur pays. »

En l'occurrence, Dye s'attela à sa tâche avec zèle. Un peu trop aux dires de certains acteurs.

Outre le maniement des armes, il soumit ses comédiens – dont Tom Hanks –, à un véritable régime militaire, les faisant dormir sous la tente, courir par tous les temps et les lâchant même individuellement dans la forêt avec une boussole pour unique alliée.

Après quelques jours de cet enfer, Hanks fut le seul à rester stoïque et à garder le sourire. La plupart des autres acteurs furent malades : vomissements, nausées, voire bronchites. Inquiet, Tom finit par appeler Spielberg à la rescousse.

Le réalisateur constata la baisse du moral des troupes mais se tourna vers son acteur principal : « C'est toi le capitaine [dans le film], à toi de t'arranger pour que tes hommes marchent droit ! »

Tom improvisa un discours de son cru qu'il termina en laissant le choix à ses sept coreligionnaires : partir sur-le-champ ou rester jusqu'à la fin du tournage.

Il se montra tellement convaincant que tous restèrent !

*

Bien avant que Robert De Niro ne mette au point la méthode dite « d'immersion » pour incarner un personnage, la comédienne Beulah Bondi mit en pratique ses préceptes.

Elle venait de passer une difficile audition pour *Les Raisins de la colère* de John Ford (1940). Réconfortée par le metteur en scène et par toutes les personnes présentes, elle se lança dans des préparatifs pour jouer le rôle.

Sans rien dire à personne, elle acheta une vieille guimbarde et se rendit dans la petite localité de Bakersfield. Là, sous une fausse identité, elle vécut durant plusieurs semaines avec les gens du cru, partageant leur quotidien, observant leurs coutumes... Bref, elle s'imprégna complètement de l'ambiance pour « nourrir son personnage », comme on dit.

Fin prête, elle s'en retourna à Hollywood.

Seul petit détail : elle n'avait pas été retenue pour jouer dans le film. Personne n'avait pu la prévenir car elle était introuvable.

*

Pour *Lawrence d'Arabie* de David Lean, (1962), Peter O'Toole, sachant qu'il allait devoir passer de longues heures sur des chameaux, mit au point un truc pour rendre sa position plus confortable : il plaça des éponges sous sa selle, jusqu'à constituer comme une sorte de matelas.

Cette idée fut reprise par les Bédouins jouant les figurants !

*

Quand Henry Fonda fut engagé par Sergio Leone pour jouer le méchant de *Il était une fois dans l'Ouest* (1969), il soigna son apparence : lentilles noires et épaisse (vraie) moustache. La vraie gueule de brute.

À cette vision, Leone faillit défaillir. Il fit des grands gestes et s'emporta dans sa langue natale, car il ne parlait pas anglais. Fonda se fit traduire ses paroles : « Allez vous raser ! Et jetez-moi ces yeux marron. Où sont vos grands yeux bleus ? C'est ça que j'ai acheté ! »

*

Sean Connery arriva pour *Le Nom de la rose* (1986) en portant des chaussettes dans ses sandales.

Jean-Jacques Annaud lui expliqua que les Franciscains du Moyen Âge ne portaient pas de chaussettes. Les sandales étaient déjà à la limite de l'anachronisme.

« Pas ce Franciscain-là, répondit Connery avec aplomb, il n'est pas comme les autres. »

Annaud finit par accepter les chaussettes mais à condition qu'elles ne se voient pas à l'image. Du coup, Sean en profita pour porter des *moonboots* tant le froid était intense.

Ce qui posa un nouveau problème : il fallut rajouter le bruit des sandales en postproduction !

*

Pour les besoins d'une courte participation dans *La Raison du plus fou* de François Reichenbach (1973), Pierre Richard endossa la tenue d'un motard de la gendarmerie.

En attendant que l'équipe du film soit prête, il alla faire un tour du côté du péage de l'autoroute : « C'est quelque chose ! Je n'avais besoin de rien faire, je ne bougeais pas... J'ai fini par lancer un petit regard sur les phares, histoire de faire monter un peu la température dans les voitures... Croyez-moi, ça montait ! Sauf les conducteurs qui, eux, avaient plutôt tendance à glisser sous le volant. Du coup, forcément, je me suis pris au jeu : le lendemain, tant que j'y étais, je m'attardais un peu sur les pneus. Là, c'était la panique ! Ça s'engueulait ferme, à l'intérieur : "Je t'avais bien dit de changer les pneus !"... Le surlendemain, je faisais carrément le tour du véhicule... Et je suis sûr que si on avait tourné une semaine, je finissais par les emmener au poste... C'est grisant, cette saleté de sentiment de puissance ! Le costume est sournois, soyons vigilants. »

*

Jacques Villeret connut des soucis non pas avec son costume, mais avec une couleur de cheveux qui lui était tout à fait inhabituelle : « Je tournais *La Galette du roi* de Jean-Michel Ribes et je me suis retrouvé à la frontière italienne teint en blond style Catherine Deneuve. J'ai tendu au douanier mon passeport sur lequel je suis brun. Il m'a pris pour un terroriste et je me suis vraiment senti con. Ça a duré plus d'une heure ! »

*

Pour *Psychose* (1960), Alfred Hitchcock fit faire plusieurs modèles de cadavres momifiés pour « interpréter » le rôle de la mère de Norman Bates. Il testa l'efficacité de chacun d'entre eux sur la comédienne Janet Leigh durant le tournage du film. Celle-ci se souvient : « Je rentrais de déjeuner, j'ouvrais le placard de ma chambre, et là je tombais nez à nez avec un cadavre ! Le lendemain, j'entrais dans les toilettes, un autre cadavre me tombait dessus. Hitch s'arrangeait pour être toujours dans les parages – et plus mes cris étaient perçants, plus le mannequin était efficace ! »

*

Le duel au banjo de *Délivrance* (1972) est resté célèbre. Ce qu'on sait moins, c'est que le metteur en scène, John Boorman, voulait absolument un enfant, qui avait le physique si particulier qu'il recherchait, mais que celui-ci était incapable de jouer de l'instrument. Il ne pouvait même pas simuler.

Boorman a alors décidé de lui attacher les mains dans le dos, de faire des trous dans sa tunique par lesquels un véritable guitariste a passé les bras pour tenir le banjo, et en jouer comme il fallait !

*

John Boorman se souvient d'une soirée juste avant le tournage de *Point de non-retour* (1967), avec Lee Marvin : « On commençait à tourner quarante-huit heures plus tard, et ce soir-là, il s'est lâché. Il a bu plus que de raison, ce qui n'était pas exceptionnel pour lui, mais là, c'était quelque chose. Il a dû enfiler une vingtaine de Martini les uns après les autres, puis du vin, puis des digestifs. Après le dîner, il ne marchait évidemment pas très droit, il a insisté pour conduire. On était avec le producteur, qui était blanc comme un linge. Je lui ai dit : "Écoute, Lee, on tourne après-demain, s'il t'arrive quelque chose, le film est foutu, alors, sois sage, assieds-toi à l'arrière, je t'emmène chez moi !" Impossible, il ne voulait rien entendre, il était assis au volant, il essayait de mettre la clé dans le contact, c'était l'enfer. On en est presque arrivés aux mains. Finalement, j'ai réussi à lui arracher les clés, il était fou de rage, il tournait autour de la voiture en donnant des coups de pied dans les portières. À la fin, il a trouvé un moyen de ne pas perdre la face, il s'est assis sur le toit et a décrété qu'il ne bougerait plus de là. Il n'y avait rien à faire. Alors, j'ai décidé de le reconduire chez moi comme ça. À 10 à l'heure, évidemment. J'étais sûr que, au bout d'un moment, quand il aurait bien pris l'air, il descendrait pour nous rejoindre à l'intérieur. Il était 3 heures du matin, les rues étaient désertes. Au bout de 4 ou 5 kilomètres, Lee était toujours perché là-haut, j'ai vu dans le rétroviseur des feux clignotants. Une sirène. Je me suis arrêté, bien sûr. La voiture de police s'est arrêtée derrière moi. Un jeune flic est descendu, j'ai baissé la vitre, l'agent s'est approché, il m'a regardé l'air un peu effrayé, la main sur son holster et a lâché : "Est-ce que vous savez que vous avez Lee Marvin sur le toit de votre véhicule ?" Ça a pris une demi-heure, finalement, Lee a accepté de descendre, il avait un peu recouvré ses esprits. Il a insisté pour qu'on le raccompagne chez lui, il nous a donné l'adresse exacte, on est arrivé là-bas, il est descendu, on est resté à le regarder depuis la voiture, le temps qu'il rentre. Il tenait à peine debout. Il ne trouvait pas ses clés. Il avait dû les jeter lorsqu'il était sur le toit de la voiture. Je l'ai rejoint à la porte. On a sonné. Ça a pris encore cinq minutes, des lumières se sont allumées, et une femme a ouvert la porte. J'ai alors entendu Lee rugir : "Mais qu'est-ce que vous foutez dans ma maison ?" Et elle a répondu, le plus simplement du monde : "Votre maison, vous me l'avez vendue il y a trois mois !" Je me suis confondu en excuses, finalement le producteur a appelé un copain journaliste, spécialisé dans les maisons des stars, qui lui a donné la nouvelle adresse de Lee, à quelques pâtés de maisons de là. À peine trente heures après, je commençais mon premier film hollywoodien... non sans quelques craintes. Heureusement, Lee s'est tenu – et a à peu près réussi à rester sobre la semaine, se rattrapant les week-ends. »

Le brûlant regard des projecteurs

« Il faut d'abord savoir son texte. Si tu voles ici une rime, ailleurs un alexandrin, le public finira par s'apercevoir qu'il n'y a pas le poids et tu perdras ta clientèle. »

Entrée des artistes
Dialogues d'Henri JEANSON

Rita Hayworth tournait *La Dame de Shanghai* (1948), sous la direction de son mari, Orson Welles. La chaleur, sur le plateau, était terrible, et son maquillage en souffrait.

« Attendez, dit le chef maquilleur. Miss Hayworth sue terriblement. Il faut que je lui fasse quelques retouches. »

Orson Welles explosa de fureur : « N'employez jamais plus le mot "suer" à propos de miss Hayworth, hurla-t-il. Apprenez, une fois pour toutes, que les chevaux suent, les humains transpirent mais miss Hayworth, elle, irradie. »

*

On interrogea Ugo Tognazzi sur la raison pour laquelle il n'avait pas davantage tourné aux États-Unis. « Pour une question d'horaires. Là-bas, le tournage commence à l'aube. En Europe, sauf en Angleterre, on commence seulement à 10 heures du matin, il n'y a pas de pause-déjeuner, juste un buffet rapide, et on termine à 19 heures. 10 heures-19 heures : ça laisse, si vous y pensez bien, beaucoup de temps pour faire tout ce qui est important dans la vie, on peut faire la fête toute la nuit, se réveiller tranquillement le matin, on peut ensuite se remettre de sa gueule de bois et on a en plus le temps, sans trop se presser, d'apprendre son dialogue pour la journée ! »

*

Un tournage peut s'avérer long et compliqué, surtout quand il s'agit d'une superproduction.

Le Cerveau de Gérard Oury (1968) fut, à son époque, le film le plus cher du cinéma français.

Jean-Paul Belmondo, homme très actif, s'y ennuyait un peu.

Un soir, il reçut sa convocation pour le lendemain : 9 heures, gare de l'Est. Un horaire qui ne l'arrangeait pas du tout. Il se mit d'accord avec Jean-Marie Poiré, alors assistant, pour arriver, discrètement, en retard. Poiré, sachant que la mise en place de l'éclairage allait prendre beaucoup de temps, lui répondit : « Ne t'en fais pas : déjeune tôt et viens vers 13 heures. »

Le lendemain, Jean-Marie se présenta gare de l'Est en même temps que les techniciens. Ce qu'il vit l'inquiéta : en lieu et place des nombreux projecteurs prévus, on décida de profiter de la lumière du jour, resplendissante. En clair : les prises de vues allaient bientôt débuter.

« Va chercher Jean-Paul », lui lança Gérard Oury.

Un Jean-Paul que personne n'avait encore vu ce jour-là. Et pour cause… Poiré se précipita sur un téléphone et tenta de joindre la star à son domicile. Par chance : elle répondit.

« Ils t'attendent, ils sont prêts. Sauve-moi la mise, saute dans ta voiture et viens tout de suite », supplia l'assistant.

Mais Belmondo avait prévu autre chose et ne put se libérer aussi facilement.

Pendant que tout le monde l'attendait, que le metteur en scène et le producteur commençaient à se poser des questions, Jean-Marie Poiré se faisait de plus en plus petit.

Enfin, Belmondo arriva.

Poiré était convaincu que sa fin allait sonner : « Je me suis dit : "Je suis viré !" 98 % des acteurs auraient dit : "L'assistant m'a demandé de ne venir qu'à 13 heures." Pourtant, Jean-Paul a été incroyable. Il a dit : "Tous les jours, j'attends, c'est à vous d'attendre !" Et tout le monde a dit d'accord. C'était une mégastar mais il a quand même fait quelque chose d'énorme. Je pense que la plupart des gens se seraient déballonnés. »

*

Dans *Marathon Man* de John Schlesinger (1976), Dustin Hoffman jouait un marathonien. Logique.

Pour une scène, il devait paraître essoufflé, comme au sortir d'un long footing. Alors, Dustin alla courir longuement et arriva sur le plateau le souffle court.

Ce qui étonna son partenaire, Laurence Olivier : « Pourquoi ne pas vous contenter de jouer la comédie ? »

Cette anecdote, qui a fait le tour de la planète, a toujours été déniée par Dustin Hoffman.

Sa version est différente : devant tourner une scène où son personnage est hagard après trois jours et trois nuits sans dormir, il arriva sur le plateau l'air très fatigué. Il n'avait pas dormi de la nuit.

Laurence Olivier crut, effectivement, que Dustin s'était forcé à rester éveillé pour cette scène et lui posa la question précédente.

Dustin le détrompa : il était en plein divorce et ne trouvait plus le sommeil depuis plusieurs jours.

*

Confession de Clark Gable : « Quand j'ai tourné ma première scène d'amour, j'étais mort de trac, je n'avais pas du tout l'expression qui convenait. Le metteur en scène m'a dit : “Je veux une lueur de désir bien réelle dans ton regard.” Je n'avais rien pu avaler le matin tant j'avais l'estomac noué, on était en fin de matinée, alors j'ai regardé ma partenaire et j'ai pensé à un gros steak bien tendre et bien juteux. Ça a tellement bien marché que depuis j'ai appliqué cette méthode dans toutes mes scènes d'amour ! »

*

Jean-Claude Brialy tourne *Le Fantôme de la liberté* (1974), avec Luis Buñuel. Mariangela Melato incarne sa femme, ils ont tous les deux une scène ensemble, une scène un peu particulière puisque leur chambre à coucher est envahie par des autruches. La semaine suivante, coup de fil de l'assistant du metteur en scène :

« Monsieur Buñuel a vu les rushes, il n'est pas du tout content de la Melato, il veut tout refaire, il a une autre actrice italienne.

– Il aurait tout de même pu voir avant qu'elle n'était pas très bonne.

– Écoutez, c'est comme ça, on ne discute pas. »

Et revoilà Jean-Claude Brialy dans le même décor, dans le même lit, avec les mêmes autruches à attendre sa nouvelle partenaire. Celle-ci arrive, premier jour de tournage, tout se passe bien, le lendemain matin, Buñuel vient voir l'acteur et lui dit : « On n'a pas de chance, Jean-Claude, ta nouvelle partenaire est très belle, merveilleuse, tout ce que je veux, mais elle a appris que Melato avait joué le rôle et syndicalement elle ne peut pas la remplacer. Elle refuse donc de continuer le tournage. »

Deux jours plus tard, nouveau coup de fil : « C'est bon, on en a trouvé une autre, Monica Vitti, elle adore Buñuel et s'en fout des syndicats, on peut tourner ! »

Retour dans le lit une troisième fois, avec une « troisième femme », Monica Vitti. Cette fois, la prise fut la bonne.

*

Le metteur en scène italien Sergio Leone évoque sa collaboration avec Rod Steiger sur *Il était une fois la révolution* (1971) : « Avec lui, c'était affreux, il tenait absolument à tout analyser, à tout intellectualiser. Je voulais qu'il joue un paysan voleur et roublard, à la limite du simple d'esprit, et il mettait en branle toute une mécanique cérébrale, il théorisait la révolution mexicaine, il passait des heures et des heures à se prendre la tête avec sa méthode de comédien, les tenants et les aboutissants de son personnage, etc. L'horreur, quoi. J'ai beaucoup discuté avec lui au début mais j'ai vite compris que ça ne servait à rien. Alors, j'ai trouvé une autre solution. Faire 25 prises à chaque fois. Au début, je le laissais faire tout ce qu'il voulait, mettre ses théories en pratique, fignoler son côté Actors Studio. À la fin, au bout d'une vingtaine de prises, il n'en pouvait plus, il était excédé, en colère, il jouait sans réfléchir, il voulait en finir au plus vite, et enfin, il devenait bon, naturel, presque animal. Exactement ce qu'il fallait au personnage. Au final, il est très bien dans le film. Même si c'est malgré lui. »

*

Luis Buñuel, excédé par un de ses comédiens, qu'il trouvait mauvais, finit par prendre sa place sur le plateau pour lui montrer pas à pas comment il voulait qu'il interprète son rôle. À la fin de la prise suivante, Buñuel était toujours aussi peu satisfait.

« Je ne comprends pas, lui dit le comédien, j'ai fait exactement comme vous ! Au détail près !

– Mais bon Dieu, lui répondit Buñuel, c'est bien le problème ! Moi je ne suis pas un acteur ! »

*

Dans ses mémoires, Tony Curtis raconte que, sur le tournage de *Certains l'aiment chaud* (1959), Marilyn Monroe avait sa coach personnelle, Paula Strasberg, la femme de l'illustre fondateur de l'Actors Studio, Lee Strasberg. Celle-ci lui donnait des indications avant chaque scène, ce qui n'était pas du goût du metteur en scène, Billy Wilder. D'autant plus que la direction d'acteur de celui-ci était totalement opposée aux fameuses méthodes de l'Actors Studio. Ce qui, selon Tony Curtis, donnait lieu à de formidables échanges sur le plateau. « Je me souviens d'une scène, raconte-t-il, où Marilyn devait simplement chercher une bouteille de bourbon. J'entends encore Paula Strasberg lui dire : "Tu entres dans cette pièce, et tu dois trouver cette bouteille, cette bouteille qui va t'apaiser, qui est la seule susceptible de calmer tes angoisses, de te détendre, où est-elle ? Tu la cherches du regard, il faut que tu la trouves, tu ne peux t'en passer nerveusement, il te la faut, etc." » Puis, trente secondes plus tard, Billy passe derrière et lui dit :

« Bon, Marilyn, tu entres dans la pièce, la bouteille est dans le tiroir du haut du buffet, fais semblant de la chercher pendant trois secondes, puis mets la main dessus ! »

*

Au moment de *Certains l'aiment chaud*, Marilyn Monroe n'était pas au mieux de sa forme.

Il lui fallut pas moins de 47 prises pour dire : *« It's me, Sugar. »*

Trois mots. Qu'elle fut incapable de replacer dans le bon sens, répétant *« Sugar, it's me »* ou *« It's Sugar, me »*.

Au bout de 30 prises, le réalisateur Billy Wilder décida de lui écrire ces trois mots sur un grand tableau noir qu'un assistant tint devant la comédienne, hors champ.

Il lui fallut néanmoins encore 17 essais pour y parvenir !

Plus tard, dans ce même film, Marilyn devait cher cher une bouteille de bourbon.

Texte : *« Where's the bourbon ? »*

Monroe dit : *« Where's the bottle ? »*, *« Where's the whisky ? »*, *« Where's the booze ? »* mais jamais la bonne réplique.

De nouveau, Wilder fit inscrire la phrase sur un tableau noir. Mais, à chaque fois que Marilyn cherchait le tableau, elle ne le trouvait pas. On eut recours à plusieurs tableaux, placés dans tous les angles de son champ de vision.

Au bout de 65 prises, Billy Wilder préféra passer à autre chose. Et fit doubler la réplique en studio.

Wilder ajouta, dans son autobiographie : « Il nous a fallu une journée et demie pour filmer cette unique réplique. Car être obligé de tourner 65 fois la même scène, pendant que [Tony] Curtis et [Jack] Lemmon doivent rester des heures perchés sur ces chaussures à hauts talons avec tout leur accoutrement n'était pas tout. Après chaque prise ratée, elle se mettait à pleurer. Il fallait donc s'interrompre. Il fallait la consoler, la remaquiller. De telle sorte que, entre les essais, il s'écoulait à chaque fois quinze à vingt minutes. »

Conclusion de Billy Wilder : « On était en plein vol avec une cinglée dans l'avion ! »

*

Encore sur le tournage de *Certains l'aiment chaud*, Tony Curtis apprécia peu les sautes d'humeur de Marilyn Monroe, même s'il dut reconnaître plus tard que durant toute la première partie du tournage elle s'était montrée charmante et professionnelle.

Au cours d'une interview, un journaliste lui demanda ce que cela faisait d'embrasser Marilyn. Il répondit : « Qu'est-ce que vous voulez que je vous dise ? C'est comme embrasser Hitler ! »

Pour lui, ce n'était qu'une boutade. Cette réponse cinglante fit néanmoins le tour d'Hollywood.

Par la suite, Tony Curtis expliqua que cette boutade était une forme de dérision tant il était évident qu'embrasser Marilyn Monroe provoquait une sensation aussi rare qu'agréable.

Il soutint même que, lors de leurs embrassades, il ressentit des érections. Ce qui explique pourquoi, dans la fameuse scène du bateau de *Certains l'aiment chaud*, on voit le pied de Tony Curtis se lever légèrement quand Marilyn l'embrasse avec fougue.

*

L'ambiance à Honolulu sur le tournage de *Tant qu'il y aura des hommes* (1953), de Fred Zinnemann, était très très alcoolisée. Chaque soir ou presque, Burt Lancaster, le plus résistant des trois, raccompagnait à leur chambre d'hôtel Frank Sinatra et Montgomery Clift ivres morts, les déshabillait, les mettait dans leur lit et leur posait un baiser sur le front. En souvenir de ces soirées mémorables, Burt Lancaster reçut ensuite pendant des années, à chacun de ses anniversaires, le télégramme suivant de Frank Sinatra : « Bon anniversaire, maman ! »

*

Jean-Jacques Annaud fut médusé par Jetsun Pema qui jouait la mère du dalaï-lama dans *Sept ans au Tibet* (1997). Jetsun n'était pas une actrice professionnelle mais la sœur de l'authentique dalaï-lama. D'une gentillesse extrême, elle souriait tout le temps. Elle se plia de bonne grâce à tous les souhaits du réalisateur.

Un jour, celui-ci lui demanda de lever un index et de froncer les sourcils en signe de désapprobation. Elle s'exécuta dans le calme.

« C'est parfait, lui dit Annaud, mais pourriez-vous affirmer votre geste en fronçant les sourcils ?

– Oui, oui, bien sûr. »

Nouvelle tentative : bon index mais aucun froncement de sourcils.

Troisième prise : *idem*.

« Mais voyons, insista le cinéaste, froncez les sourcils ! »

Désolée, Jetsun Pema répondit : « J'essaye, j'essaye... mais je n'ai pas le muscle. »

Elle n'avait jamais froncé les sourcils de sa vie...

*

On demanda à Al Pacino si ses rôles, souvent éprouvants, lui laissaient des séquelles. Il confia que s'il se débarrassait assez vite des personnages qu'il interprétait une fois le film terminé, il vivait souvent dans une proximité dangereuse avec eux le temps du tournage. Ainsi, pendant le tournage de *Scarface* (1983), de Brian de Palma, dans lequel il jouait Tony Montana, un chef de gang ultra-violent, un soir que l'acteur rentrait chez lui, un chien assez impressionnant surgit devant lui sur le trottoir et, l'air mauvais, se mit à aboyer. Sans se démonter, Pacino lui décrocha un coup de pied dans la gueule, ce qui mit immédiatement le molosse en fuite. La seconde qui suivit, l'acteur se souvint qu'il avait une peur bleue des chiens, s'adossa au mur, la respiration coupée. « J'étais encore dans le rôle, confie-t-il, j'étais Tony Montana, l'homme qui n'a peur de rien. Si, à cette seconde-là, j'avais été Al Pacino, je me serais évidemment barré en courant ! »

*

Sur le tournage de Les *Jours et les Nuits de China Blue* (1984), Anthony Perkins s'identifia totalement à son rôle de prêtre halluciné, à tel point qu'il ne quittait plus la soutane, allant même, pendant le tournage, jusqu'à dormir avec. Mieux encore, apprenant que le metteur en scène, Ken Russel, avait l'intention de se marier avec l'écrivain Vivian Jolly, il proposa de célébrer la cérémonie. Il avait en effet lu quelque temps auparavant une publicité de l'Église de la vie universelle, qui cherchait des prêtres à ordonner pour célébrer les naissances, les décès et les mariages. Il prit donc contact avec cette église, fut ordonné prêtre assez rapidement et, le 10 juin 1983, tout de blanc vêtu, il maria dans l'église du Queen Mary Ken Russel et Vivian Jolly.

*

Jean-Claude Brialy évoque une de ses scènes les plus torrides dans *La Nuit de Varennes* (1982), d'Ettore Scola : « Un jour où nous tournions à Senlis, dans une chapelle médiévale, j'entendis Scola me dire tout d'un coup : "Cela serait bien qu'au moment de partir Casanova te roule une longue pelle !" "Comment ?" "Oui, Casanova à la fin de sa vie, ayant connu toutes les amours, ayant tout vécu, exprimerait ainsi son amitié pour Jacob, il l'embrasserait comme on embrasse quelqu'un qu'on aime !" Ce fut le début de longues scènes de rigolade. Toute l'équipe, tout le monde sur le plateau, Marcello et moi les premiers attendions en riant notre baiser fougueux ! Évidemment, Scola nous fit faire cinq prises, par pure perversité et par amusement. Marcello en rajoutait, faisait rire tout le monde, encore plus décontracté que d'habitude. Et, à la fin des cinq prises, toute l'équipe nous applaudit, comme si nous venions de faire une cascade incroyable. Quelques semaines plus tard, nous tournions à Rome la suite de l'histoire. Un soir, lors du dîner, Scola me dit : "Écoute, j'ai une bonne nouvelle pour toi. J'ai vu le baiser à la projection, il n'est pas assez long. Il faut recommencer et faire durer." "Tu te fous de ma gueule ?" "Non, non, je te jure, il faut le refaire !" On nous a donc reconstitué à Rome le mur de Senlis, et, comme Lana Turner et Tyrone Power, nous nous sommes remis à la tâche. J'avoue que le plus difficile était de garder son sérieux, tant Marcello et moi, chacun notre tour, n'arrêtions pas de faire des commentaires sur l'action. Lui me disait que j'embrassais mieux que Tognazzi, avec qui il avait eu une scène semblable, me retenait pour que le baiser dure encore plus longtemps, moi je me prenais pour Catherine Deneuve, tout cela était formidable ! »

*

Pendant tout le tournage des *Canons de Navarone* de Jack Lee Thompson (1961), Anthony Quinn porta un tricot rouge sous son costume. Gregory Peck se demanda pourquoi mais ne comprit que plus tard : ce rouge attirait l'œil du spectateur et, de la sorte, le personnage joué par Quinn se détachait du groupe des militaires.

Peck en fut particulièrement frappé quand il vit la scène du sauvetage de la noyade sur grand écran :

il était censé en être le héros, puisque jouant le sauveteur, mais on ne voyait que la victime avec son tricot rouge !

*

Geoffrey Rush a une théorie intéressante sur le travail de l'acteur : il est convaincu que les spectateurs (occidentaux tout au moins) regardent instinctivement l'écran de gauche à droite, comme lorsqu'ils lisent.

Il a donc décidé de se trouver le plus souvent possible à gauche de la caméra ! Technique qu'il a appliquée sur *Pirates des Caraïbes*. Notamment dans les scènes avec Keira Knightley et le petit singe : Rush soutenait mordicus que, avec de tels « adversaires », personne ne le remarquerait sur l'écran... sauf s'il jouait à gauche !

*

Jean Yanne se souvient du tournage du *Boucher* de Claude Chabrol (1970) : « ... le jour où on a tourné la scène de la rencontre entre Popaul et Mlle Hélène pendant le repas de noces, Chabrol a fait un long plan-séquence en travelling avant. Il n'y avait pas de dialogue, juste le bruitage de l'atmosphère musette et la liesse des convives. Stéphane et moi devions animer nos lèvres de conversations imaginaires, le temps que la caméra s'approche, Popaul était censé faire rire Mlle Hélène pour la séduire. Comme on ne savait pas quoi dire et qu'il y avait plusieurs prises, j'ai récité à un moment à Stéphane les paroles d'une chanson d'une délicatesse proverbiale, "La grosse bite à Dudule". Comme par hasard, c'est la scène que Claude a retenue pour le film. Je l'ignorais jusqu'à ce que quelques mois plus tard, je reçoive une lettre, le film avait été projeté à des sourds-muets et les gens me demandaient pourquoi dans un film aussi sérieux on se mettait d'un seul coup à parler de la bite à Dudule ! »

*

Lors de *La Grande Vadrouille* de Gérard Oury (1966), Louis de Funès et Bourvil improvisèrent la scène suivante : à un moment, ayant franchi un mur, le premier se retrouvait sur les épaules du second. Et devait en descendre. Mais Bourvil avait les épaules suffisamment solides pour supporter le poids de son partenaire. Aussi décidèrent-ils de jouer les scènes suivantes l'un au-dessus de l'autre.

Cette image inattendue fit tellement d'effet qu'elle se retrouva sur l'affiche du film !

*

Le Gendarme de Saint-Tropez de Jean Girault (1964) fut tourné au début de l'été sur les lieux mêmes de l'action. La plage était envahie par d'accortes figurantes, pour le plus grand plaisir des acteurs et de l'équipe technique.

Louis de Funès surprit son ami Michel Galabru à admirer ces belles plastiques. Il s'en moqua. L'intéressé s'en défendit : « Louis, je ne fais rien de mal. Ce sont de jolies filles, je les regarde, c'est tout. Quand tu vois un beau mille-feuille dans la vitrine d'une pâtisserie, tu le regardes, tu n'es pas obligé de l'acheter pour le manger. »

Quelques jours plus tard, à proximité d'un hôtel servant de décor, Louis s'installa à l'écart pour lire *Le Figaro littéraire*. Mais Galabru remarqua qu'il jetait de fréquents coups d'œil par-dessus son journal pour admirer à son tour les figurantes qui traînaient dans le coin.

De Funès voyant que Galabru l'observait : « Qu'est-ce qu'il y a comme mille-feuilles ! »

*

L'un des passages les plus marquants de *L'aventure c'est l'aventure* (1972) est celui des cinq acteurs déambulant chacun leur tour sur une plage pour séduire de ravissantes jeunes femmes.

Cette scène n'était pas prévue au scénario. Claude Lelouch en eut l'idée un dimanche en observant Aldo Maccione en train de faire le clown avec cette démarche qui allait devenir sa marque de fabrique.

Aussitôt, le metteur en scène empoigna sa caméra et suggéra aux comédiens d'imiter Maccione. Tous acceptèrent. Sauf un : Lino Ventura : « Tu ne me feras jamais faire une connerie pareille ! Je ne peux pas faire ça devant des gonzesses. »

Tant pis, il ne participerait pas au tournage.

Il resta tout de même en tant qu'observateur et se prit tellement à rire des élucubrations de ses camarades qu'il décida de traverser lui aussi la plage devant l'objectif de Lelouch.

*

Dans *Spartacus* de Stanley Kubrick (1961), Peter Ustinov conduisait une cohorte de la légion romaine constituée, bien évidemment, par des figurants.

Le lieu de tournage en était le studio Universal dont le principal inconvénient était de se situer à proximité de l'aéroport de Burbank.

Un jour, un avion vola à très basse altitude. Pour rire, Ustinov hurla à sa troupe : « Dispersez-vous, les Grecs nous attaquent ! »

Et tout le monde prit la fuite.

*

Pendant le tournage de *La Terre des pharaons* d'Howard Hawks (1955), pour donner l'impression que les Égyptiens à l'écran travaillaient tous dans un même effort soutenu, il fallut leur inventer un slogan en anglais qu'ils allaient tous répéter en même temps. Les assistants demandèrent ainsi aux milliers de figurants issus de l'armée égyptienne de répéter tous en chœur : *« Fuck Warner Bros. »* On raconte que Howard Hawks, guère disposé à rire au cours de ce tournage qui n'en finissait pas, esquissa un vrai sourire de contentement en découvrant ses figurants en train d'insulter le studio.

*

L'actrice Katharine Ross fut, malgré elle, au cœur d'un miniscandale et victime d'un réel ostracisme, sur le plateau de *Butch Cassidy et le Kid* de George Ray Hill.

Pour filmer une scène de chevauchée, le réalisateur George Roy Hill avait disposé six caméras. Ross décida de se tenir à côté de la plus éloignée. Elle s'aperçut qu'il manquait un cameraman et proposa spontanément ses services aux techniciens présents, car elle était passionnée par la photographie.

Tout se déroula sans aucun incident. On replia le matériel et ce fut à ce moment que l'ensemble de l'équipe technique apprit qu'une simple comédienne avait remplacé, gratuitement, l'un des leurs. Aux États-Unis, les syndicats sont très puissants et il est interdit à quiconque de toucher ne fût-ce qu'un outil sans une autorisation spécifique. Le ton monta. Jusqu'au réalisateur qui reprocha à sa comédienne son geste inconsidéré.

Pour calmer le jeu, Katharine Ross fut interdite de plateau, excepté pour venir y jouer ses scènes !

*

On n'a jamais très bien su pourquoi Peter Sellers ne s'entendit pas avec Orson Welles sur le plateau de *Casino Royale* (1967).

Était-ce parce que Orson avait exigé que des tours de magie soient intégrés à son rôle (c'était un excellent magicien) ? Ou parce que Sellers était impressionné par le fabuleux talent de son partenaire ?

Toujours est-il qu'il refusa de jouer avec lui.

Ils tournèrent donc leurs scènes communes séparément ! Cela fut d'autant plus compliqué que chacun réécrivait ses dialogues de son côté.

« Quand Sellers me posait une question, ma réponse n'avait pas le moindre sens, s'amusa Welles. Comme nous n'étions pas ensemble sur le plateau, toute mise au point était impossible. Ça donnait une merveilleuse tonalité surréaliste. »

*

Sur le tournage de *Chinatown* (1974), les relations étaient très tendues entre Roman Polanski et Faye Dunaway. « Nous tournions une scène entre Faye et Jack Nicholson dans une voiture, se souvient John Alonzo, le directeur de la photographie. Elle n'arrêtait pas de dire à Roman : "Roman, il faut que j'aille faire pipi, faut que j'aille faire pipi." "Non, non, tu restes là. John, t'es prêt ?" Je lui ai dit : "Je suis prêt." "Faye, tu restes là, on tourne, on tourne." Puis, au bout d'un moment, il est allé la voir pour lui donner quelques indications, lorsqu'il s'est approché, elle a baissé la vitre de la portière et lui a jeté à la tête un gobelet plein de liquide. Il s'est écrié : "Mais, c'est de la pisse !" elle lui a répondu : "Oui, espèce de petit branleur" et elle a remonté la vitre. »

*

Louis Jouvet et Michel Simon ne s'entendaient pas très bien. Ils ne partageaient ni la même conception du métier d'acteur ni celle de la vie en général.

Au moment de *Drôle de drame* de Marcel Carmé (1937), Simon s'approcha de Jouvet et, histoire de dégeler l'ambiance, lui dit : « Votre rôle est admirable. » Réponse du maître : « Je sais, j'ai refusé le vôtre. »

*

Claude Chabrol évoque ses difficultés avec Rod Steiger, qu'il fit tourner dans *Les Innocents aux mains sales* (1974) : « Je me suis très bien entendu avec lui. Son seul problème, c'était qu'il refusait de sortir du cadre. C'était plus fort que lui. Les panos, les travellings, les plans de coupe, il les acceptait, mais sortir du cadre, non ! Éventuellement, il consentait à sortir à condition que le metteur en scène crie : "Coupez !" juste après sa sortie. S'il n'entendait rien, il revenait. Une réplique comme "Je m'en vais, continuez sans moi !", Rod ne la dira jamais ! »

*

La scène du *Port de l'angoisse* d'Howard Hawks (1945) dans laquelle Lauren Bacall chante *« For All We Know »* est restée dans toutes les mémoires. Ce qu'on sait moins, c'est que l'actrice, alors débutante, a été doublée pour cette chanson par Andy Williams. Plus étonnant, Andy Williams était un homme ! Le timbre de voix de Lauren Bacall était en effet si particulier et si grave qu'aucune des chanteuses d'abord pressenties pour le doublage n'a pu l'imiter !

*

Surprise de John Huston sur le tournage de *Reflets dans un œil d'or* (1967), avec Marlon Brando et Elizabeth Taylor. Alors qu'il s'adresse à son acteur principal, au beau milieu d'une scène, un des premiers jours de tournage, celui-ci ne lui répond pas. Huston parle un peu plus fort, toujours pas de réponse. Il se plante alors devant Brando et lui demande ce qui se passe. Tranquillement, l'acteur retire alors de ses oreilles des boules Quies avant d'expliquer au metteur en scène que celles-ci lui sont indispensables, le rôle exigeant un accent du Sud, et les répliques de ses partenaires le troublant pour garder cet accent.

« Mais alors, tu n'entends pas ce que disent tes partenaires ?

– Non. Je lis leurs répliques sur leurs lèvres ! »

*

Bette Davis prenait un malin plaisir à surprendre Errol Flynn, dont elle appréciait fort peu le côté gamin, blagueur et coureur de jupons.

Dans *La Vie privée d'Élisabeth d'Angleterre* (1939), elle était la reine, solidement assise sur le trône, dans sa somptueuse tenue, parée de lourds bijoux.

Elle devait gifler Flynn. Elle le fit sans aucune délicatesse, usant de sa force et ne retenant même pas ses bracelets.

L'acteur en fut complètement sonné. Il avait pourtant fait de la boxe mais mit un certain temps à recouvrer son plein équilibre.

À ce moment, le réalisateur, Michael Curtiz, lança : « Allez les enfants, on la refait ! »

« Si vous aviez les dents en capilotade, la tête en carillon avec l'impression d'être devenu sourd pour avoir reçu sur la tête un kilo de joyaux lancés à toute volée par une femme comme Bette Davis, que feriez-vous ? Pour ma part, je me sentis pris d'un terrible accès de fureur », confia Flynn dans ses mémoires.

Il décida d'aller en parler à l'actrice qui s'était réfugiée dans sa loge. Mais Bette resta campée sur ses positions : « Si vous ne pouvez pas supporter la moindre petite tape, c'est bien dommage. Tant pis !... Je n'y peux rien, je ne peux pas me retenir. Mon genre d'actrice est celui-ci. »

Errol Flynn repartit avec l'inquiétude de ne pouvoir résister au deuxième coup : il risquait de réagir violemment, presque par réflexe.

« Si elle me frappait, et j'étais sûr qu'elle le ferait, je devrais la gifler. Et, je le savais après ce qui s'était passé, je lui briserais la mâchoire. »

Les deux comédiens se retrouvèrent face à face. Flynn craignit le pire. Michael Curtiz surveillait, impatient.

La main de Bette Davis se leva, Errol serra la mâchoire. Et ne sentit rien. Les doigts de la comédienne ne firent que l'effleurer. Il tourna le visage comme s'il venait de recevoir une gifle retentissante.

Fin de l'incident : sans aucune mâchoire brisée.

Quelques jours plus tard, Errol Flynn eut sa revanche. Il accompagnait la reine Élisabeth quand, soudain, il lui donna une forte tape sur le postérieur.

Bette Davis s'en indigna. Son partenaire lui répondit : « Je n'y peux rien, je ne peux pas me retenir. Mon genre d'acteur est celui-ci. »

*

Pris dans son élan, Robin Williams heurta violemment le nez de Robert De Niro, sur le tournage de *L'Éveil* de Penny Marshall (1990). Il en fut confus. Étonnamment, le blessé ne lui en tint pas du tout rigueur. Bien au contraire.

Il expliqua que son nez avait déjà été cassé auparavant, mais de l'autre côté, et que Williams venait de le lui remettre droit !

*

Raimu aimait tourner dans les studios de Marcel Pagnol parce que situés à Marseille.

Hélas, en hiver, un vent glacial s'engouffrait par la porte ouverte sur la cour. Cour que les comédiens devaient traverser pour se rendre de leurs loges au plateau.

Lors des prises de vues de *Monsieur Brotonneau* d'Alexander Esway (1939), Raimu eut beau réclamer la fermeture de cette porte, rien n'y fit. Il finit par attraper un rhume, qu'il soigna en restant enfermé dans sa chambre d'hôtel.

Le lendemain, engoncé dans deux pardessus, protégé par un épais foulard en laine, il retourna au studio.

La porte de la cour était ouverte.

Raimu piqua une colère que son camarade Saturnin Fabre décrivit en ses termes : « Ses pectoraux se gonflaient disproportionnellement, comme des ballons. Ses yeux sortaient, parcouraient un mètre et regagnaient leurs orbites. Durant la guerre, il y eut des explosions de dépôts de munition, Hiroshima, ceci n'est rien auprès de l'explosion de Raimu devant la porte ouverte... »

Et Raimu de vitupérer : « Ce n'est pas une bande de cons qui me fera attraper une phtisie galopante par un mistral meurtrier qui foudroie !... Qu'on dise de ma part à M. Marcel Pagnol qu'il ferme cette porte ou je l'ouvre pour partir à jamais ! »

Dès le lendemain, deux vigiles furent postés à la porte, avec charge pour eux de la maintenir fermée.

*

Jean-Paul Belmondo évoque ce souvenir en riant : « Quand Jean Gabin tournait un film, il était tellement renommé pour ses colères qu'il régnait, sur le plateau, un silence de cathédrale. Un jour, pendant le tournage d'*Un singe en hiver* d'Henri Verneuil (1962), alors qu'on aurait entendu une mouche voler, Gabin a eu un trou de mémoire. Il oublie totalement la réplique qu'il devait me lancer. L'air furieux, il me fait signe de quitter le plateau avec lui et dit au réalisateur, avec une parfaite mauvaise foi : "Quand vous aurez arrêté les marteaux, on reviendra." »

Les metteurs en scène

> « Croyez-moi : il vaut mieux un bon patron
> qu'un mauvais serviteur ! »
> *L'aventure c'est l'aventure*
> Dialogues de Claude LELOUCH

Orson Welles prétendait que la mise en scène est le seul métier qui puisse se faire sans qu'on sache le pratiquer. Pour lui, il fallait une matinée environ pour apprendre le métier, le reste était affaire de talent. Claude Chabrol adhère complètement à cette thèse, lui qui avoue que, le premier jour de tournage de son premier film, *Le Beau Serge* (1958), l'opérateur régla la caméra, lui demanda de jeter un œil afin de voir si le cadre était correct, et il s'approcha de la caméra et regarda dans un boulon, qu'il avait pris pour le viseur !

*

Selon Robert Evans, grand producteur, en particulier du *Parrain* de Francis Ford Coppola (1972) et de *Chinatown* de Roman Polanski (1974), « le meilleur moment pour travailler avec un metteur en scène, c'est quand il sort d'un échec cuisant. Imaginez Cimino après *Les Portes du paradis* (1980), Spielberg après *1941* (1979), Coppola après *Coup de cœur* (1982), Verhoeven après *Showgirls* (1995)... c'est en effet le seul moment ou ils ont une chance de se montrer, temporairement, un peu humains. »

*

Cecil B. DeMille, qui avait tourné deux versions (muette (1923) et parlante (1956)) des *Dix Commandements*, aimait à répéter : « J'ai été plus grand que Dieu : j'ai ouvert la mer Rouge deux fois. Lui ne l'a fait qu'une fois ! »

*

Le célèbre metteur en scène Henry Hathaway, à qui l'on doit, entre autres, *Le Carrefour de la mort* (1947) et *Le Plus Grand Cirque du monde* (1964), commença sa carrière comme assistant de Cecil B. DeMille. Sa première tâche auprès du metteur en scène était de le suivre partout avec une chaise, de manière que, où qu'il fût sur le plateau, il soit sûr de pouvoir s'asseoir. Le premier grand film que réalisa Hathaway, après quelques westerns mineurs, fut, pour la Paramount, *Les Trois Lanciers du Bengale*, en 1935, avec Gary Cooper. Le producteur, avant de l'engager, posa deux questions au metteur en scène « débutant » :

« Pouvez-vous faire ce film en dix semaines ?

– Sans problème.

– Pour un budget inférieur à 200 000 dollars ?
– Aucun souci. »

Le tournage dura pourtant plus de dix mois et le film coûta plus de 1 million de dollars, mais, heureusement, ce fut un triomphe et la Paramount signa immédiatement un contrat d'exclusivité au réalisateur.

*

Sur le tournage de *La Grande Bouffe* (1973), le réalisateur Marco Ferreri paya un jour discrètement une bande de gamins pour venir, les uns après les autres, lui demander des autographes, alors qu'il déjeunait en terrasse avec Ugo Tognazzi et Marcello Mastroianni. Les deux stars furent d'abord étonnées de la notoriété du metteur en scène, avant de comprendre la blague dont ils avaient été victimes !

*

Lors du tournage de *Grandeur nature* (1974), film dans lequel Michel Piccoli joue le rôle d'un dentiste amoureux d'une poupée gonflable, entre deux scènes de rue, le génial cinéaste espagnol Luis García Berlanga fut pris à partie par une passante :

« Ça fait un moment que je vous observe. Je ne comprends pas pourquoi vous tournez chaque scène tant de fois...

– Madame, lui répondit-il, vous savez combien de salles de cinéma il y a dans ce pays ? »

*

La vie d'un metteur en scène sur un plateau, cible de toutes les sollicitations, est parfois difficile. Kenneth Branagh évoque ainsi Woody Allen, qui l'a fait tourner dans *Celebrity* (1998) : « Je l'admire tellement, que je n'ai pas cessé de l'observer secrètement pendant tout le tournage. Et c'est comme ça que je me suis rendu compte d'une chose amusante. À chaque fois que quelqu'un venait lui parler, et que la conversation se prolongeait trop à son goût, il se grattait très légèrement le nez, dans la minute qui suivait, un de ses assistants venait le chercher pour lui dire qu'on le demandait au téléphone. Merveilleuse façon d'éloigner les importuns ! »

*

Alors que les jeunes comédiens que Mike Newell dirigeait sur *Harry Potter et la Coupe de feu* (2005) lui reprochaient de se montrer un peu trop dirigiste, voire exigeant, il voulut faire preuve de bonne volonté. Afin de leur prouver qu'il ne leur demandait pas ce que lui n'était pas capable de faire, il répéta lui-même une courte scène de combat avec un cascadeur. Et se fractura une côte.

*

Robert Aldrich accepta certains films pour des raisons strictement financières.

Sodome et Gomorrhe (1961) en fit partie. Comme il était payé à la semaine, il fit traîner le tournage qui dura... deux ans !

*

En 1966, le tournage du film *La Bible*, dirigé par John Huston, ne fut qu'une suite de problèmes.

On demanda au réalisateur où en était son film. Réponse plaintive : « Je ne sais pas comment Dieu s'en est sorti avec ce truc, mais pour moi, c'est l'enfer ! »

*

Humphrey Bogart joua avec brio Philip Marlowe dans *Le Grand Sommeil* (1946).

Alors qu'il n'était pas acteur à se poser trop de questions, un détail le turlupinait à propos d'un cadavre qu'il découvre dans une voiture au fond de l'eau. Bogart finit par demander à Howard Hawks le réalisateur : « Qui a tué ce type ? »

Après réflexion, le réalisateur, qui connaissait pourtant le scénario, lui répondit : « Je n'en sais rien, ce n'est pas moi qui ai écrit ce film ! »

Bogart voulant en avoir le cœur net, on appela l'un des scénaristes du film, William Faulkner. Qui répondit : « Je n'en sais rien, ce n'est pas moi qui ai écrit le livre ! »

De fait, l'auteur du roman initial n'était autre que Raymond Chandler. On le contacta par télégramme. « Qui a tué le majordome du général ? »

Il finit par répondre à son tour : « Je n'en ai aucune idée... Et on s'en fout ! »

Et l'énigme ne fut pas résolue dans le film.

*

Un comédien sait ce qui va se passer mieux que le spectateur. Il en est de même pour les figurants.

Dans *La Mort aux trousses* d'Alfred Hitchcock (1959), au moment où Eva Marie Saint s'apprête à tirer sur Cary Grant, surprenant (normalement) tout le monde, on peut voir très nettement un gamin... se boucher les oreilles !

*

Au début de *L'Inconnu du Nord-Express* (1951), le jeune acteur Farley Granger s'inquiéta : assis à côté de la caméra, Alfred Hitchcock avait l'air de se désintéresser complètement du tournage.

Il alla lui demander s'il n'était pas malade et s'entendit répondre : « Je m'ennuie ! J'ai le film en tête depuis si longtemps déjà que tout ça, pour moi, c'est de la redite. »

*

Alfred Hitchcock fit plonger dans l'eau froide Kim Novak – qui détestait l'eau et ne savait pas nager – pour une scène de *Sueurs froides* (1958). Au grand étonnement de tous, il la fit recommencer. Encore, encore et encore.

James Stewart, qui assistait au tournage finit par s'approcher du cinéaste pour lui demander pourquoi il faisait ainsi refaire une scène qui, de toute évidence, était bonne dès les premières prises.

« Pour le plaisir », lui répondit Alfred.

*

Dans *Les Enchaînés* (1946), Alfred Hitchcock dirigeait Ingrid Bergman. L'actrice, éprouvant des difficultés à jouer une scène, expliqua au metteur en scène que, telle qu'elle était écrite, elle ne pouvait pas être naturelle. Elle essaya donc de le convaincre un bon moment de la réécrire, et lorsqu'elle crut être parvenue à ses fins, le metteur en scène lui lâcha, impassible : « Si vous ne pouvez pas être naturelle dans cette scène, ma chère Ingrid, peut-être pourriez-vous essayer de *la jouer*. »

*

Au cours d'une interview, Alfred Hitchcock eut une phrase malheureuse, comparant les acteurs à du bétail.

Il ne la renia jamais complètement et, parmi ses excuses alambiquées, il déclara notamment : « Je n'ai jamais dit que les acteurs étaient du bétail mais qu'il fallait les traiter comme tels. »

Ce qui n'arrangeait rien.

Carole Lombard, femme d'humour et de caractère, décida de le prendre au pied de la lettre : lors d'une scène en extérieurs de *Joies matrimoniales* (1941), elle remplaça tous les acteurs prévus par des vaches qu'elle était allée chercher dans un pré et autour des cous desquelles elle avait placé des pancartes avec le nom de chaque comédien.

*

Un jour, Hitchcock reçut un appel d'un journaliste du *Los Angeles Times* : « Avez-vous lu qu'on vient d'arrêter un homme qui a avoué l'assassinat de trois femmes ? Il a dit qu'il a assassiné la troisième après avoir vu votre film *Psychose* (1960). »

Sans se démonter, Alfred répondit : « Quels films a-t-il vus avant de tuer les deux autres victimes ? »

*

La célèbre scène de duel final (six minutes à l'écran) de *Scaramouche* (1952) nécessita de longs préparatifs.

Un passage prévoyait qu'un lourd lustre métallique s'écrase aux pieds de l'acteur Stewart Granger. « Le plus près possible », avait même précisé le réalisateur George Sidney.

Tout paraissait en ordre. Sidney annonça qu'on allait tourner, mais Granger réclama une répétition. Sidney n'en avait aucune envie mais finit par accepter. On traça une croix à l'emplacement où l'acteur était censé se tenir ; on coupa la corde tenant le lustre et celui-ci s'écrasa avec éclats.

À l'endroit où la croix avait été tracée...

*

L'une des scènes les plus célèbres du film *L'Empire contre-attaque* (1980) – devenu culte pour des millions de fans – voit le très méchant Dark Vador face au plutôt gentil Luke Skywalker, interprété par Mark Hamill.

Soudain, l'homme en noir dit de sa voix rauque : « Luke, je suis ton père ! »

Hamill ne s'y attendait pas du tout. Le scénario prévoyait que la réplique serait : « Obi-wan a tué ton père. »

Ce changement avait été prévu de longue date par George Lucas, producteur et créateur de la saga, qui voulait filmer l'étonnement de Hamill.

*

Entretien avec Claude Chabrol :

« Il y a un critique qui s'appelle Dufreigne à *L'Express* et un des personnages de votre film *Merci pour le chocolat* (2000), un actionnaire de l'usine, s'appelle également Dufreigne...

– Oui. Et Isabelle Huppert le traite de vieux con.

– Et vous dites que, maintenant, dans chacun de vos films, il y aura toujours un Dufreigne, que là, vous avez été relativement sympa, mais que ce sera de pire en pire pour lui.

– Oui, exactement, ça m'amuse beaucoup... Dans mon prochain film, un Dufreigne meurt dans d'atroces souffrances.

– Et quelle est la raison ? On dit que c'est parce qu'il a écrit dans un de ses papiers que vous préfériez manger plutôt que tourner...

– Ah, non, ça, c'est pas grave. Mais dans cet article, justement, il m'a mis en scène à table et il m'a fait manger des œufs à la neige après une andouillette. Et ça, c'est une hérésie. Je ne lui pardonnerai jamais... »

*

Claude Chabrol raconte un étrange rituel sur le tournage de ses films : « Il y a un rite quand je tourne. Je fais le gueuleton traditionnel de fin de tournage non pas à la fin mais au milieu du tournage. Et à la fin du repas, je monte sur ma chaise et je chante, faux bien entendu, le grand air de Nilakantha, extrait de *Lakmé* de Léo Delibes, et tous les participants ont le droit et le devoir même de m'envoyer à la gueule tous les projectiles qui leur tombent sous la main : feuilles de salade, biscuit sec, sucre en poudre, etc. Ils se défoulent et en général cela est bénéfique à l'ambiance de la seconde moitié du tournage. »

*

Le tournage de *L'Exorciste* (1973) se déroula dans une ambiance très tendue. Il est vrai que les méthodes du metteur en scène, William Friedkin, étaient un peu particulières. Ainsi, lors de la scène de l'agonie du père Karras, il choisit un vrai prêtre, le père William O'Malley, pour lui donner l'absolution. Les prises furent innombrables. Friedkin savait parfaitement ce qu'il voulait mais ne réussissait cependant pas à l'obtenir. Au bout d'un moment, il s'adressa au prêtre :

« William, tu nous fais ça à la chaîne, ça va pas.

– Mais, Billy, ça fait quinze fois que je donne l'absolution à mon meilleur ami et il est 2 h 30 du matin.

– Je comprends. Est-ce que tu me fais confiance ?

– Bien sûr, je te fais confiance », répondit O'Malley.

Billy le gifla alors violemment. « À la prise suivante, raconte O'Malley, ma main tremblait. De la pure adrénaline. Exactement ce qu'il voulait. »

*

Le tournage de *L'Exorciste* traîna en longueur, au grand dam de la Warner, qui avait prévu de sortir le film à une date bien précise, Noël 1973. Le metteur en scène, William Friedkin, qui avait anticipé les pressions du studio, engagea volontairement un monteur incompétent. Ainsi, lorsque la Warner insista pour que le metteur en scène lance le montage bien avant la fin du tournage, celui-ci accepta. Le résultat fut bien entendu désastreux, mais le temps que le studio s'en rende compte, Friedkin avait gagné de précieuses semaines. Quelques jours avant la fin du tournage, il engagea, comme il l'avait prévu de longue date, un vétéran du montage, Evan Lottman, avec qui il reprit tout depuis le début. Et les deux hommes livrèrent finalement le film dans les temps.

*

Pour une scène de *L'Idéaliste* (1997), Matt Damon devait ouvrir une porte. Rien de bien compliqué.

Il s'exécuta mais quelle ne fut pas sa surprise de voir derrière cette porte son réalisateur, Francis Ford Coppola, entièrement nu !

« Sa théorie, expliqua le comédien, est que dans la vie vous ne savez jamais ce qui va vous arriver, alors que dans un film vous connaissez la suite des événements pour l'avoir lue avant. Il faut donc retrouver la spontanéité et l'inattendu. »

*

Jack Nicholson rendit un jour visite à John Huston sur le tournage de *Annie*. Le soir venu, il dit au metteur en scène qu'il avait remarqué combien il avait du mal avec une de ses comédiennes, une actrice débutante imposée par la production.

« C'est vrai que c'est pas évident, lui répondit Huston, c'est parce que, avec elle, je tourne deux films à la fois. Son premier et son dernier. »

*

L'Ibis rouge, réalisé par Jean-Pierre Mocky (1975), fut le dernier film de Michel Simon.

Pas toujours commode, ce comédien. Il détestait refaire des prises et pria Mocky de se contenter, dans la mesure du possible, d'une seule.

Une fois, pourtant, le cinéaste fut obligé de demander qu'on recommence la prise. Michel Simon accepta sans maugréer.

« C'est magnifique, s'exclama Mocky, c'est merveilleux, c'est extraordinaire ! Quelle prise préférez-vous ? »

Réponse de Michel Simon : « Je les emmerde toutes les deux. »

*

Jacques Dutronc, évoquant son expérience avec Jean-Luc Godard sur *Sauve qui peut la vie* (1979): « Travailler avec lui, c'est être dirigé par un très grand chef d'orchestre mais il faut être un bon musicien, parce qu'il oublie de vous donner la partition ! » Évoquant leur première rencontre à propos de ce film, l'acteur se souvient: « Je l'ai vu une fois à Paris. Il n'avait pas de scénario. Il m'a montré un truc assez court sur une K7. Il m'a dit: "C'est le film." Puis je suis allé le voir en Suisse. Il est venu me chercher à l'aéroport. Dans la voiture, c'était bien parce qu'il ne parle pas et moi non plus et le seul truc que j'ai trouvé à dire, c'était: "C'est vert", parce que je trouvais que tout était vert sur la route. Il m'a dit: "C'est bien, vous avez compris le film." Le soir même, il nous a fait faire une rédaction. Il y avait Nathalie Baye, Isabelle Huppert et moi. "Racontez le film que nous allons tourner." Moi, comme j'avais dit: "C'est vert", j'en ai été dispensé. Bon sang, c'est ça Godard ! »

*

Sur le tournage de *La Soif du mal* (1958), Charlton Heston ne parvenait pas à comprendre pourquoi, dans une scène, son personnage devait se mettre à courir. Il demanda donc à son metteur en scène, Orson Welles, les motivations profondes de cette course subite. En silence, Orson Welles gagna le lieu où devait s'achever la course de Heston, demanda le moteur, et cria à l'acteur: « Charlton, venez là en courant, je vous expliquerai la raison d'être de cette scène ! »

*

Otto Preminger n'était pas un tendre.

Il n'hésitait pas à malmener ses comédiennes, comme il le fit avec la frêle Jean Simmons sur le tournage de *Un si doux visage* (1952).

Il demanda à Robert Mitchum de la gifler violemment. L'acteur, plus solide qu'un roc, retint son geste. Mais, à chaque fois, Preminger lui demandait de frapper plus fort.

Excédé, Mitchum finit par envoyer, de toute la force dont il était capable, sa main sur la joue d'Otto : « Ça vous va comme ça ? »

*

Un réalisateur, s'il n'est pas satisfait du travail d'un comédien, peut lui demander de refaire la prise. Presque indéfiniment.

Sur *Shining* (1980), le très pointilleux Stanley Kubrick fit recommencer 147 fois à Jack Nicholson une même scène. Et à Shelley Duvall, 127 fois.

Ce qui fit dire à Michael Caine, quelques années plus tard : « Bien que Stanley fût un ami, je peux vous garantir que s'il avait essayé ça avec moi, il serait mort bien plus tôt ! »

*

Francis Veber est également réputé pour son exigence. Non seulement il veut la réplique au mot près, mais il attend de l'acteur qu'il lui donne un ton, une « musique », très précis. Et tant qu'il ne l'a pas, il fait recommencer. Cela concerne tous les comédiens, y compris les « poids lourds ».

D'où 45 prises pour Gérard Depardieu (qui n'arrivait pas à dire « Viens, tu vas voir un journaliste au travail » dans *Les Compères* (1983)) et 37 pour Daniel Auteuil (dans *Le Placard* (2000)).

Thierry Lhermitte découvrit ce sens du mot et du son lors du *Dîner de cons* : « Je n'avais jamais été confronté à quelqu'un d'aussi exigeant et surtout quelqu'un qui n'est pas vraiment intéressé par ce que les acteurs apportent et qui est intéressé par le fait que les acteurs jouent la partition qui est marquée sur le papier... Après 10 prises, je ne savais plus où j'en étais. Il me disait : "Plus comme ça !", "Moins comme ça !" et j'essayais de me concentrer sur ce qu'il voulait. Et, on le refaisait 10 fois, 20 fois, 30 fois... J'ai fini par me dire : "Je suis une merde, ça y est, la supercherie est découverte !" Tous les jours, j'y allais angoissé et, tous les jours, Francis m'accueillait avec : "Ah, Thierry, quel plaisir de travailler avec toi." Eh ben, c'était pas réciproque. Si j'avais pu, j'aurais rendu l'argent pour partir. C'était une situation très dévalorisante. C'était horrible. »

*

Raoul Walsh eut maille à partir avec un jeune comédien issu de l'Actors Studio.

« Monsieur Walsh, puis-je vous parler une minute ? Dans cette scène, qu'est-ce que je ressens ? »

Walsh le regarda avec méfiance mais l'autre insista : « Oui, quelles sont mes motivations ? »

Walsh lui répondit d'un seul mot : « Jeudi ! »

Le jeudi était jour de paye.

*

À la fin d'une très difficile journée de tournage de *Batman & Robin* (1997), George Clooney alla voir le réalisateur, Joel Schumacher, l'air visiblement embêté. Il lui montra son costume de super-héros au centre duquel le sigle de Batman était à l'envers. Schumacher en blêmit :

« Depuis quand est-il comme cela ?

– Je viens seulement de m'en rendre compte, mais je crois qu'il est à l'envers depuis ce matin.

– Oh, non, il va falloir recommencer tout le travail de la journée ! »

Clooney attendit encore un peu avant d'avouer qu'il s'agissait d'une farce : il venait de demander à l'habilleur de lui monter le sigle à l'envers.

Selon ses propres dires, Joel faillit en avoir une crise cardiaque !

*

Billy Wilder choisit de filmer à New York la célèbre scène de *Sept ans de réflexion* (1955) où la jupe blanche de Marilyn se soulève sous l'effet du souffle du métro.

Il demanda à la 20th Fox de ne pas ébruiter sa présence mais ce fut tout le contraire : les services de publicité firent un ramdam d'enfer tant auprès des journalistes que du public. Voir Marilyn en chair et en os constituait un événement de premier ordre.

Wilder se retrouva face à une foule qu'il fallut contenir. Pour obtenir l'effet désiré, il fallut s'y reprendre à plusieurs reprises. Sous les commentaires graveleux des New-Yorkais qui ne se lassaient pas d'admirer la culotte blanche de la star.

Si cela amusait beaucoup Marilyn, ce fut moins du goût de son mari Joe DiMaggio...

Plus tard, quand Wilder visionna la scène, il se rendit compte que le son était inaudible : les répliques étaient couvertes par les sifflets, les cris et les commentaires. Il fallut la retourner en studio.

Or, entre-temps, les photos de la robe se soulevant étaient parues dans des centaines de journaux à travers toute l'Amérique. Suscitant la colère des ligues de vertu.

Finalement, dans le film, la caméra ne dévoile rien d'autre que les genoux de Marilyn.

Mais les clichés ont tellement imprégné les esprits que les spectateurs croient en voir bien plus.

*

Sur le plateau des deux *Dollars (Pour une poignée de dollars* (1964), *Et pour quelques dollars de plus* (1965)*)*, Sergio Leone ne parlait pas anglais et Clint Eastwood pas italien. Ils convinrent de communiquer en français, que tous deux parlaient très imparfaitement.

Eastwood ne fut pas au bout de ses surprises : chaque comédien parlait dans sa langue, ce qui fait qu'il y eut des Allemands, des Espagnols lui donnant la réplique alors qu'il ne comprenait pas un traître mot de ce qu'ils disaient.

Enfin, Clint découvrit que, en Italie, à l'époque, on ne travaillait pas en « son direct », c'est-à-dire que tous les dialogues étaient par la suite réenregistrés en studio. Donc, pendant qu'il était devant la caméra à dire son texte, il entendait les techniciens bavarder, s'invectiver ou raconter des blagues !

*

Gregory La Cava utilisa une méthode très personnelle pour mettre en boîte *Mon homme Godfrey* (1936).

Trouvant le scénario déplorable, il demanda aux acteurs d'improviser au maximum. Pour ce faire, il arrivait chaque matin les bras chargés de bouteilles d'alcool et d'amuse-gueule. La matinée se déroulait à la manière d'un cocktail entre amis. Quand tout le monde était bien chaud, La Cava disait : « Au travail, les gars ! »

Pendant que les acteurs jouaient leur rôle, les machinistes, derrière la caméra, débouchaient les bouteilles en prévision de la scène suivante.

Résultat : les quatre principaux comédiens Alice Brady, Carole Lombard, Mischa Auer et William Powell furent nominés aux oscars !

*

Fatigué par le tournage de *Cléopâtre* (1963) qui n'était qu'une succession d'incidents et de pertes de temps, Rouben Mamoulian n'en pouvait plus.

Ce monsieur de 62 ans avait été engagé parce qu'il savait « manier » les stars : il avait dirigé Greta Garbo. Il fallait quelqu'un de cette trempe pour ne pas se laisser déborder par la tumultueuse Elizabeth Taylor.

Pourtant, quand il vit que celle-ci mettait une évidente mauvaise volonté à se présenter sur le plateau, il menaça de démissionner.

Au grand étonnement de tout le monde – et lui le premier ! –, le 14 janvier 1961, sa démission fut acceptée par la production.

À ce stade, le tournage avait déjà coûté 7 millions de dollars et s'était étendu sur 16 semaines. Seules dix minutes de films étaient utilisables. Elles furent jetées à la poubelle. On refit tout ! Ce film fut le plus grand désastre de l'histoire du cinéma.

On remplaça Mamoulian par Joseph Mankiewicz... qui se mordit les doigts d'avoir accepté.

Quand Mankiewicz reprit les rênes de *Cléopâtre*, il demanda conseil à Mamoulian.

Il se contenta de lui répondre : « Faites comme moi : démissionnez immédiatement ! »

*

La valse des réalisateurs marqua le tournage d'*Autant en emporte le vent* (1939).

George Cukor fut désigné par David O. Selznick pour prendre en charge cette lourde production. Il s'entendit très bien avec l'ensemble des actrices mais pas du tout avec Clark Gable qui se sentait délaissé. Selon lui, on était en train de tourner un film de femmes et Gable n'avait pas pour habitude de se laisser voler la vedette. De plus, il estima que Cukor ne l'aidait en rien dans son jeu. Il fit part de son mécontentement à Selznick.

Le producteur n'eut guère le choix : Gable était « la » star du film et il n'était pas question de le dévaloriser et encore moins de le laisser partir.

Le 13 février 1939, George Cukor fut remercié. À la grande déception de Vivien Leigh et Olivia de Havilland.

Victor Fleming, solide gaillard, excellent chasseur, grand buveur... et ami personnel de Clark Gable, le remplaça à compter du 1er mars.

Il ne s'embarrassa pas de questions psychologiques et refusa même de se référer au roman pour expliquer le comportement de Scarlett. Il demanda à Leigh de jouer ce qui était écrit dans le script, un point, c'est tout.

Moins de deux mois plus tard, le 27 avril, épuisé par la fatigue, Fleming se retira.

Sam Wood prit sa succession, épaulé par William Cameron Menzies.

Alors, finalement, qui est le réalisateur de *Autant en emporte le vent* ?

Des historiens américains se sont penchés sur la question en analysant le film presque image par image.

Voici leur réponse : Fleming à 65 % (du film terminé), Wood et Menzies à 15 % chacun et Cukor à 5 %.

*

Autre valse des réalisateurs : celle autour du *Magicien d'Oz* (1939).

Le premier engagé, Norman Taurog, ne mit même pas les pieds sur le plateau.

Richard Thorpe, qui, le remplaça, fut viré au bout de quinze jours sans aucune explication.

George Cukor n'eut que le temps de changer la coiffure de Judy Garland (jetant aux orties l'horrible perruque blonde qu'elle portait avant sa venue) avant d'être congédié.

Victor Fleming reprit les rênes avant d'être appelé en catastrophe pour *Autant en emporte le vent.*

Et King Vidor termina le film !

*

Le légendaire producteur Irving Thalberg engagea à la fin des années 1920 le metteur en scène russe Vladimir Tourjansky pour tourner un film avec l'actrice Norma Shearer. À la première réunion de travail, le réalisateur se plaignit au producteur : « Pourquoi prendre cette actrice, elle est hideuse ! » Il ignorait que Thalberg filait le parfait amour avec la comédienne. Furieux, Thalberg renvoya du projet Tourjansky et lui confia un western à aller tourner toutes affaires cessantes en plein milieu du désert des Mojaves, au sud de la Californie, où la température avoisinait les 45 °C à l'ombre.

*

Parce que *Nous ne vieillirons pas ensemble* (1972) racontait sa propre histoire, Maurice Pialat se montra très exigeant, jusqu'au moindre détail.

À Honfleur, il avait prévu de tourner à l'hôtel où il avait séjourné cinq ans auparavant. Aucun souci.

Maurice monta chambre 38 et redescendit en quatrième vitesse pour entrer dans une rage folle : le papier peint avait été changé.

Le propriétaire s'en excusa en expliquant qu'il refaisait régulièrement la décoration.

Maurice Pialat n'en démordit pas : « C'est à cause de cons comme vous qu'on ne peut pas faire de films historiques ! »

*

L'un des plus beau ratages du cinéma américain des années 1970 reste *The Last Movie*, de Dennis Hopper. Après le succès de son précédent film, *Easy Rider*, celui-ci avait eu carte blanche pour mettre en scène son nouveau film, une des plus grosses productions de l'année 1972, « une sorte de réflexion pirandellienne sur le western, le colonialisme et la mort », selon les mots de son auteur. Liberté totale dont le metteur en scène ne tarda pas à abuser. D'abord au Pérou, où le film fut tourné, puis au Nouveau-Mexique, où Hopper fit le montage pendant de longs mois. Ned Tanen, producteur du film pour Universal, raconte : « Dennis projetait le film à tous les hippies de Taos. Ceux-ci ne le trouvaient jamais assez long. Et chaque fois que j'allais là-bas, le film faisait vingt minutes de plus. Il arriva un jour à une version acceptable, mais l'écrivain Alejandro Jodorowsky, qui était son maître, lui lança l'insulte suprême : "C'est à peine digne de la plus pure tradition hollywoodienne." Dennis, piqué au vif, décida alors de tout recommencer une nouvelle fois.

Les monteurs revenaient et me disaient : “Il n’y a pas de séquences, il n’y a rien à monter, il y a carrément des scènes qui manquent. C’est un film sans film.” »

Tanen décida donc d’aller parler à Dennis Hopper. Lorsqu’il entreprit ce voyage, Kit Carson et Larry Schiller étaient en train de réaliser à Taos un documentaire sur le réalisateur, *The American Dreamer*. Ils avaient convaincu Dennis de descendre tout nu jusqu’à Los Alamos pour les besoins de leur film. Celui-ci l’avait fait, en échange de quoi, comme ils le lui avaient promis, Carson et Schiller lui avaient procuré une quinzaine de belles filles pour participer à une session d’« élévation de la conscience ». Tanen débarqua au beau milieu de cette séance. Il se souvient : « Je portais mon costume officiel, j’étais là pour affaires, pour lui parler de son film. Je suis entré dans la salle de montage, et je suis tombé au beau milieu d’une orgie ! Il y avait des fesses et des nichons partout, il était impossible de dire combien ils étaient. Et Schiller était en train de filmer la fiesta. Je suis allé voir Dennis et lui ai dit : “Est-ce que je peux te parler ?” Il ne m’a même pas répondu, il était complètement *out*. Du coin de l’œil, j’ai aperçu un type qui dirigeait la caméra sur nous. Je lui ai dit : “Auriez-vous l’obligeance de ne pas filmer cela ?” Il a continué. “Écoutez, je n’aimerais pas avoir à vous le répéter”, lui ai-je dit. Il m’a ignoré. J’ai donc attrapé la caméra, l’ai balancée par la fenêtre, puis j’ai attrapé le type, cet énorme tas de graisse, et je lui ai dit : “Enfoiré, je vais te tuer, connard !” Dennis est alors sorti de son coma et a crié : “Trouvez-moi une caméra ! Je veux filmer ça !” Les culs et les nibards continuaient de s'agiter dans tous les sens. Et moi, j'étais là pour essayer de sauver un film sur lequel j'avais tout misé ! »

Lors de la sortie, la critique fut désastreuse et au bout de deux semaines le film fut retiré de l'affiche.

Produits manufacturés

> « Je ne m'habille qu'avec les costumes
> que l'on me donne sur les tournages.
> C'est pour ça que je ne fais jamais de films d'époque. »
>
> Jacques DUTRONC

Oscar Lau fut l'un des accessoiristes les plus incroyables des années 1930. Parmi ses titres de gloire, le metteur en scène Henry Hathaway, sur le tournage de *La Fille du bois maudit* (1936), avec Henry Fonda, lui demanda, en fin de matinée, de lui trouver pour l'après-midi des fleurs fraîches. Rien de bien difficile *a priori* sauf que l'équipe de tournage était en plein désert, à deux heures de route du premier village. Dès 14 heures, le metteur en scène, stupéfait, eut ses fleurs fraîches. Oscar Lau savait que, chaque jour, à 13 heures, un train faisait une halte à un réservoir d'eau dans une ville fantôme à quarante minutes du tournage, il s'y était précipité et avait négocié l'achat de toutes les fleurs fraîches du wagon-restaurant !

*

Vittorio Gassman évoque un des assistants de Dino Risi, qui était un garçon d'une débrouillardise incroyable. Quoi qu'on lui demande, négocier la location de lieux de tournage avec des propriétaires récalcitrants, trouver un zèbre dans l'heure, etc., tout était bouclé dans la demi-journée, et tous les soirs, invariablement, le jeune homme se reposait dans son hamac. « Être le plus tôt possible dans son hamac, c'était l'objectif de chacune de ses journées. Il aurait soulevé des montagnes pour y arriver. » Un jour, le comédien, ébloui par sa capacité à résoudre tous les problèmes en un rien de temps, le prit à part et lui dit :

« Tu sais, tu devrais vraiment écrire un livre sur la façon de faire les choses le plus simplement possible, sans se prendre la tête, et le plus rapidement du monde. Tu as un vrai talent pour ça !

– Ce n'est pas une mauvaise idée, lui répondit le jeune homme. La première chose à faire serait de trouver quelqu'un pour écrire le livre à ma place ! »

*

L'un des costumes de *Spartacus* de Stanley Kubrick (1960) causa beaucoup de soucis à Kirk Douglas. C'était pourtant un costume des plus faciles à fabriquer : une tenue d'esclave faite d'un simple tissu qui le faisait ressembler à un clochard.

Comme Kirk cumulait les fonctions d'acteur principal et de producteur. Un vendredi soir, complètement épuisé, il s'engouffra dans sa limousine sans même se changer. Direction Palm Springs où l'attendait un week-end de repos.

À peine installé à l'arrière, Kirk s'endormit, en boule sur le siège. Son chauffeur poursuivit sa route. Il s'arrêta à mi-chemin pour faire le plein. Tandis qu'il bavardait avec le pompiste, Kirk se réveilla et, les yeux embués par le sommeil, se dirigea vers les toilettes. Le chauffeur ne remarqua pas son absence et repartit.

Quand il sortit des toilettes, Douglas se retrouva au milieu de nulle part, sans argent, sans papier, habillé en esclave romain.

*

L'étincelante robe de Kate Capshaw dans *Indiana Jones et le Temple maudit* de Steven Spielberg (1984) était un modèle unique des années 1930 avec bijoux et paillettes incrustés. Elle coûta très cher et l'habilleuse avait pour mission de garder l'œil sur elle.

La robe avait une certaine importance dans le film puisque Kate la portait à plusieurs reprises dans la jungle. Une scène prévoyait que cette pièce de vêtement séchait, suspendue à un arbre, pendant que les personnages principaux se réchauffaient autour d'un feu.

Personne ne remarqua que, dans le fond du décor, l'éléphanteau du film, peu intéressé par les échanges de répliques, était tranquillement en train de manger la robe !

*

Le film *Lifeboat* (1943) d'Alfred Hitchcock a la particularité de se passer entièrement dans un canot de sauvetage. Le troisième jour de tournage, le directeur de la photographie, Glen MacWilliams, vient voir le metteur en scène pour lui parler d'un léger problème avec l'actrice principale, Tallulah Bankhead :

« Ça va être compliqué, la caméra est très souvent au sol, on filme énormément en contre-plongée, et... comment vous dire... j'ai remarqué que Tallulah ne portait jamais de culotte. Dans ces circonstances, il est quasi impossible de continuer à filmer sans révéler son intimité... »

Sur ce, Alfred Hitchcock resta silencieux quelques secondes, puis répondit : « Bien... à votre avis, qui doit régler le problème ? La costumière, la maquilleuse ou la coiffeuse ? »

*

Pour le tournage des *Mines du roi Salomon* de Compton Bennett en 1950, avec Stewart Granger et Deborah Kerr, l'équipe alla au Congo afin de tourner quelques scènes au milieu de tribus primitives. Hélas, arrivés dans la jungle africaine, ils ne trouvèrent que des indigènes en tennis et chemises hawaïennes et durent importer de Los Angeles deux cents pagnes et perruques pour pouvoir tourner avec un minimum de « réalisme ».

*

1950, Orson Welles joue un guerrier mongol dans *La Rose noire* (1950) d'Henry Hathaway. La seule condition imposée par le maître avant d'accepter le rôle est qu'on confectionne à son personnage un magnifique manteau entièrement doublé en vison. Stupeur de la production : d'une part, le rôle est très court, d'autre part, un tel costume est très cher, ce qui est d'autant plus ridicule qu'on ne verra jamais cette doublure de vison à l'écran. Welles posant cette condition absolue, le producteur finit par accepter. Après ses quelques jours de tournage, l'acteur repart avec dans ses bagages le manteau doublé en vison, qu'il « retournera » sur le tournage de son propre film, *Othello* (1952), dans lequel son personnage porte cette superbe pièce de vêtement. À sa décharge, le tournage d'*Othello*, qui dura, par intermittences, près de trois ans, était une production complètement désargentée qui n'avait pas les moyens de s'offrir des costumes de luxe.

*

Quoi de plus banal que la pluie ?

Dans les films, elle tombe toujours à grosses gouttes, sinon on ne la voit pas à l'écran. Et on a recours à des pompiers qui placent leurs lances à incendie en conséquence.

Excepté pour *Chantons sous la pluie* (1952).

Gene Kelly, co-réalisateur avec Stanley Doner, eut l'idée de faire tomber un mélange d'eau et de lait pour que les gouttes rebondissent mieux sur le sol et sur le parapluie.

*

Mila Parély arriva sur le plateau de *La Règle du jeu* de Jean Renoir (1939) le jour où l'on tournait une scène de pluie.

Les pompiers arrosaient copieusement le décor pour simuler ladite pluie. En voyant la comédienne, ils lui firent une blague et la noyèrent sous plusieurs lances à eau.

Ruinant le magnifique manteau et la toque d'ocelot que Coco Chanel avait personnellement confiés à l'actrice pour la durée du tournage.

*

Pour *Léon* (1993), Luc Besson utilisa de nombreux figurants habillés en policiers.

Un jour, pendant le tournage à New York, un jeune homme commit un vol dans un magasin et prit la fuite en courant. Il se retrouva nez à nez avec la horde de flics armés par Besson. Sidéré, le voleur se rendit immédiatement.

*

Nul n'a oublié la séquence finale de *Casablanca* (1942) qui se déroule dans un aéroport. Au fond, dans la brume de la nuit, se distingue un avion. Le tournage ayant lieu durant la guerre, pour des raisons de sécurité, il fut interdit à l'équipe de filmer dans un authentique aéroport. Elle eut recours à un décor avec un avion.

Il s'agissait en réalité d'une maquette en bois. Que, pour des raisons de perspective, les accessoiristes avaient construite plus petite que dans la réalité.

Quand le réalisateur Michael Curtiz arriva sur le plateau, il la trouva réussie. Mais, selon lui, tout cela manquait de vie. Il voulut voir des personnes s'affairer autour de l'appareil.

Pour compléter l'illusion, on eut recours à des nains.

*

Les arbres qui entourent la plantation de Tara, dans *Autant en emporte le vent* de Victor Fleming (1939), étaient tous en plastique, avec de vraies feuilles attachées par des tuteurs.

On en a utilisé 1 250 000.

*

La tour labyrinthe du *Nom de la rose* de Jean-Jacques Annaud (1986), si importante pour le dénouement final, fut construite dans l'enceinte de Cinecittà.

Avec une série d'escaliers formant effectivement un labyrinthe.

Tellement complexe qu'il fallut le flécher pour qu'aucun technicien ne s'y perde !

*

Comme son titre l'indique, l'élément clé du *Pont de la rivière Kwaï* de David Lean (1957) était un pont !

Il fut construit, pour les besoins du film, en huit mois alors que l'original, édifié par des prisonniers britanniques, l'avait été seulement en deux mois.

Ce nouveau pont fut bâti à Ceylan par 500 ouvriers aidés par 35 éléphants. Il coûta 250 000 dollars. Et fut détruit en quelques secondes.

Il sauta le 11 mars 1957.

*

Lorsque Ronald Reagan, fraîchement élu président des Etats-Unis, prit ses fonctions, il visita la Maison-Blanche de fond et comble et demanda à voir le PC de guerre.

Mines déconfites des généraux présents. De quoi parlait-il ?

Du PC de guerre qu'il avait vu dans *Dr. Folamour* de Stanley Kubrick (1963) et dont il était convaincu qu'il existait vraiment !

*

Certains décors authentiques suscitent la polémique auprès des riverains des lieux de tournage.

Harry Potter à l'école des sorciers de Chris Colombus (2001) prévoyait des scènes dans la cathédrale de Gloucester pour représenter certains intérieurs de Poudlard.

Cette annonce provoqua la colère de nombreux habitants qui crièrent au blasphème. Et promirent d'empêcher par tout moyen les prises de vues. Une manifestation « monstre » fut même annoncée.

La production fit appel à des équipes de sécurité pour protéger son personnel et ses installations. Le jour dit, on craignit le pire.

La manifestation se réduisit à une seule personne !

*

Le record pour un budget maquillage reste – et risque de rester à jamais compte tenu de l'arrivée du numérique – celui de *La Planète des singes* première version celle réalisée par Franklin J. Schaffner (1967).

Ce poste représenta 17 % du budget total du film.

Les maquilleurs travaillèrent d'arrache-pied pour apposer les prothèses sur les acteurs singes mais aussi sur de nombreux figurants.

Certaines séquences nécessitant plus de 200 singes, on eut recours à 80 maquilleurs. Du travail à la chaîne.

Selon l'importance des comédiens et la complexité du maquillage, chaque séance durait de trois à six heures, plus une heure de démaquillage. Mais ces prothèses s'avéraient si fragiles qu'il ne fallait pas les exposer à la chaleur, d'où la nécessité de caravanes réfrigérées. De plus, les singes ne pouvaient se nourrir qu'à l'aide d'une paille pour ne pas abîmer leur faux faciès. Et, bien entendu, il leur était interdit de fumer.

Pendant ce temps, Charlton Heston, vedette du film, se baladait en plein soleil, mangeait à satiété et paraissait parfaitement à l'aise.

Cabots, félins et autres bêtes de cinéma

« C'est un chien qui aime le miel.
– Et c'est le miel qui le fait gonfler ?
– Non, c'est les abeilles. »
La Femme du boulanger
Dialogues de Marcel PAGNOL

Quand on demandait à Jack Warner le nom de sa vedette favorite, il répondait du tac au tac : « Rintintin ! » Avant d'ajouter : « Et vous savez pourquoi ? Parce que je le paye avec des hamburgers ! »

Rien n'était plus faux. Certes, Rintintin avec ses films à petit budget avait contribué à la fortune de Warner Brothers mais le chien coûtait les yeux de la tête.

Son propriétaire avait fait signer un contrat de 19 films, stipulant que l'animal touchait 1 000 dollars par semaine. De plus, il avait droit à un collier serti de diamants mais aussi à un petit orchestre chargé de lui jouer de la musique pour se détendre. Chacun de ses repas devait comporter un chateaubriand et, pour se reposer, il disposait d'une gigantesque loge assortie d'un non moins gigantesque jardin. Enfin, 18 doublures canines devaient être prêtes à le remplacer pour les scènes les plus dangereuses.

*

Toto était une star.

Toto, c'est le chien du *Magicien d'Oz* de Victor Fleming (1939).

Il fut payé 125 dollars par semaine.

Alors que les nains jouant les Munchkins n'étaient payés, chacun, que 50 dollars par semaine.

*

Faire *Les 101 Dalmatiens* en dessin animé constituait une prouesse technique. Quand les studios Walt Disney décidèrent de faire un remake réalisé par Stephen Herck (1996) – et sa suite réalisée par Kevin Lima (2000) – en *live*, la prouesse consista à regrouper, surveiller et cajoler une meute de vrais chiots.

Les animaux sélectionnés, tous âgés de 8 semaines, étaient au nombre de 200. Leurs propriétaires les conduisirent à Sheperton, lieu du tournage. Là, ils furent logés dans un chenil de luxe spécialement construit et aménagé pour l'occasion. Décorée de blanc tacheté de bleu, avec des rubans de couleur et une myriade d'os, cette pension était du très haut de gamme. Chaque chiot disposait de sa niche individuelle avec chauffage réglable. Seules les douches étaient communes !

Les propriétaires étaient logés dans un hôtel proche et avaient accès libre aussi bien au chenil que sur le plateau.

Ce dernier bénéficiait d'un traitement spécial : chaque centimètre de décor où évoluaient les chiens était passé au désinfectant. Les membres de l'équipe, y compris les acteurs, devaient tremper leurs chaussures dans des bacs de désinfectant avant d'entrer dans une zone où se trouvaient les chiots.

Des « nounous » s'occupaient vingt-quatre heures sur vingt-quatre de tous ces quadrupèdes. Surtout lorsqu'ils évoluaient devant la caméra. Constat de l'une d'entre elles : « Une seule chose intéresse les chiots : la nourriture ! Il faut donner l'impression qu'ils font quelque chose de précis mais, en fait, tout ce qu'ils veulent, c'est être nourris. »

Toutefois, les carrières de ces sympathiques animaux étaient d'une rare brièveté : arrivé à l'âge de 12 ou 13 semaines, le chien, parce que trop grand, était remercié et renvoyé dans sa famille.

*

Incident sur le tournage de *Moby Dick* (1956), de John Huston. La première baleine construite pour le film fut emportée par le courant lors d'un des premiers jours de tournage en mer, et l'équipe fut incapable de la récupérer étant donné la force du vent. Huston évoqua souvent par la suite la surprise d'un équipage qui croiserait en pleine mer ce monstre artificiel !

*

Depuis quelques décennies, les organisations de défense des animaux sont extrêmement vigilantes quant aux traitements infligés aux bêtes de tous poils sur les tournages.

D'où l'insertion, dans bien des génériques, de la célèbre formule : « Aucun animal n'a été maltraité durant le tournage de ce film ».

Errol Flynn fut parmi les premières stars à dénoncer le traitement infligé aux chevaux, dès le tournage de *La Charge de la brigade légère* de Michael Curtiz (1936).

« Les chevaux furent certainement les animaux les plus maltraités par l'industrie cinématographique, écrivit-il dans ses mémoires, surtout à l'époque des premiers westerns et de l'utilisation du système "W" (un câble en acier tendu à faible hauteur) destiné à faire trébucher les chevaux au bon moment. Le cascadeur qui montait à cheval savait où était le fil piège et l'endroit exact où il devait se laisser tomber. Mais le cheval, lui, partait la tête la première et il n'était pas rare qu'il se blessât. Parfois même on dut l'abattre. »

*

Pour *L'Ange exterminateur* (1962), Buñuel avait conçu une scène dans laquelle un ours entrait dans un salon bourgeois. En cas d'incident, le metteur en scène s'était muni d'un Magnum 44 pour faire la peau de l'ours avant qu'il n'ait la sienne. Lorsque l'ours fut lâché, il escalada tout de suite le rempart qui lui servait de cage pour semer la terreur sur le plateau. Acteurs, techniciens, tout le monde partit en courant, y compris Buñuel qui, au dernier moment, trouva inhumain de tuer une telle créature, et prit ses jambes à son cou, pistolet en main.

*

Alain Chabat eut à gérer une meute disparate lors *d'Astérix et Obélix : Mission Cléopâtre*(2001) : « On a fait venir un guépard, un agneau, Idéfix et des chats égyptiens pour la scène du trône de Cléopâtre, raconte-t-il. Sans compter quelques crocodiles affamés mais heureusement "animatroniques". Le plus difficile, curieusement, a été de récupérer les grenouilles d'Amonbofis qui sautaient partout ! »

Des grenouilles furent retrouvées dans différents coins du décor, bien des semaines après la scène. Les techniciens les repéraient au son : elles avaient pris la mauvaise habitude de coasser juste au moment où les acteurs s'apprêtaient à parler.

*

Étonnamment, l'animal qui causa le plus de souci à Chabat fut un âne, appelé Cannabis pour les besoins du film.

« Avec Cannabis, se souvient Chabat, il n'y a pas eu deux prises identiques. À chaque fois, il partait dans n'importe quelle direction... Comme Jamel Debbouze est ceinture noire d'improvisation, ça lui a permis de faire à chaque fois une version différente. Et on a appris bien plus tard que le vrai nom de l'âne était Marijuana ! »

*

Une séquence de *Ben-Hur* de William Wyler (1959) prévoyait des rats quittant précipitamment un navire en train de couler.

Des accessoiristes ramassèrent des rats dans tous les coins de Rome et les enfermèrent. Ils ne surent pas qu'un ami des bêtes les nourrissait quotidiennement.

Au moment de tourner la scène, bien loin de se jeter dans l'eau, les rats, l'estomac plein, attendirent que l'eau arrive à leur hauteur et nagèrent paisiblement jusqu'à la rive !

La scène ne fut pas utilisée.

*

Lors d'une scène des *Vikings*, de Richard Fleischer (1958), Ernest Borgnine doit être dévoré par des chiens-loups. Seul problème, lors du tournage, les animaux qui devaient évidemment se montrer féroces affichaient une placidité à toute épreuve. Rien à faire, malgré les efforts du maître-chien, qui n'arrivait à tirer d'eux rien d'autre qu'une expression d'ennui profond. Après quelques heures, au moment ou l'équipe allait renoncer et essayer de trouver d'autres chiens, Tony Curtis, qui jouait dans le film mais ne tournait pas ce jour-là, arriva sur le plateau. Lorsqu'ils le virent, les chiens devinrent comme fous. Personne ne comprit l'effet que le comédien produisait sur eux, à commencer par lui, mais les chiens-loups étaient déchaînés. On plaça donc Curtis juste derrière le cameraman, qui put ainsi tourner le plan des chiens en furie.

*

Alain Corneau eut maille à partir avec des pigeons lors des prises de vues de *Nocturne indien* (1989).

Quand il prit possession du studio, en Inde, il remarqua sous les toits de nombreux pigeons. Un assistant proposa de prendre une carabine pour les faire fuir mais le chef électricien, un Indien, s'y opposa avec véhémence : « Ne les tuez pas ! Demain, je vous promets qu'il n'y en aura plus ! »

De fait, le lendemain, les animaux avaient disparu.

Le soir, l'électricien rouvrit les fenêtres du studio et les pigeons revinrent par dizaines.

« Mais, remarqua Corneau, on tourne aussi demain et les jours suivants.

– Je sais, mais ils doivent rentrer dans leur nid pour la nuit. »

Ainsi, chaque matin, deux heures avant le début du tournage, cet électricien grimpait dans les passerelles et faisait patiemment sortir chaque pigeon un à un.

*

P. H. Vazak fut le seul berger allemand nominé pour l'oscar du meilleur scénariste en 1984, pour *Greystoke*. En effet, Robert Towne, brillant scénariste de *Chinatown* et du *Parrain*, choisit comme pseudo le nom de son chien pour signer le scénario du film après que celui-ci eut été remanié contre son gré.

*

Sept ans au Tibet (1997) eut pour décor l'Argentine.

Seulement, en Amérique du Sud, on ne trouve aucun yack. Pas question pour Jean-Jacques Annaud de faire un film se déroulant au Tibet sans yack, animal emblématique de ce pays.

La solution la plus simple consistait à importer des yacks d'Asie. Mais les autorités argentines refusèrent catégoriquement, craignant que ces animaux soient porteurs d'une maladie qui contaminerait leurs troupeaux locaux. Il fallait des yacks sains.

On crut en trouver en Allemagne où un particulier en élevait. Même réponse des Argentins : risque de vache folle.

Nouvelles recherches qui aboutirent dans le Montana. Là, un Américain faisait lui aussi de l'élevage. Quinze bêtes seulement mais quinze bêtes précieuses pour la production.

Cette fois, l'Argentine donna son accord. À condition que chaque yack soit muni d'un passeport avec photo couleur du profil gauche et du profil droit, et empreinte encrée du museau.

Les animaux voyagèrent par avion et se montrèrent tout à fait dociles.

Et tout à fait sains.

Au point de finir pensionnaires du zoo de Buenos Aires.

*

Comme son titre l'indique, l'un des personnages clés de *Un poisson nommé Wanda* (de Charles Crichton, 1988) était... un poisson !

Pour parer à toute éventualité, la production en acheta un grand nombre qu'elle plaça dans un aquarium.

« Un matin, raconte John Cleese, en regardant l'aquarium, nous avons constaté qu'un poisson en particulier avait mangé 32 autres figurants. Il devait souhaiter férocement obtenir le rôle pour liquider la concurrence de cette manière !... Nous avons pensé que, si nous ne lui donnions pas le rôle, nous pourrions également être dévorés ! »

*

Tourner un film dans certaines régions peut comporter de désagréables inconvénients, pourtant tout à fait naturels.

John Huston et son équipe eurent à affronter des hordes de moustiques lors des prises de vues d'*African Queen* (1951). Tout le monde souffrit de multiples piqûres.

À l'exception d'Humphrey Bogart qui se portait comme un charme.

John Huston avança une explication : « Dans la première partie de la nuit, il était tellement imbibé de Dry Martini qu'il ne sentait rien. Ensuite, les moustiques étaient tellement bourrés qu'ils étaient bien incapables de piquer qui ce soit ! »

Quand la machine se grippe

« Ah ben ça ! Elle va marcher
beaucoup moins bien,
forcément ! »
Le Corniaud
Dialogues de Gérard OURY

Si tout le monde se souvient de la Cadillac conduite par Bourvil dans *Le Corniaud* de Gérard Oury (1964), il ne faut pas oublier la Jaguar qui transportait Louis de Funès et sa bande de truands à la petite semaine.

Les deux voitures firent le voyage jusqu'en Italie où fut filmée une grande partie de l'action. Un soir, le fils d'un des assistants du réalisateur, âgé de 16 ans, « emprunta », sans rien dire à personne, la Jaguar pour une virée nocturne. Mal lui en prit : la voiture finit sa course dans un poids lourd !

Le jeune homme se retrouva avec une jambe dans le plâtre. Et la belle Anglaise finit à la casse. Il fallut quinze jours pour ramener de France une voiture en tous points identiques.

*

Les scènes du débarquement du *Jour le plus long* (1962) ne furent pas tournées en Normandie mais en Corse. La très belle plage de Saleccia parut idéale pour faire évoluer les troupes alliées reconstituées.

Au moment où toute son envahissante équipe s'installait en cet endroit, le producteur Darryl F. Zanuck fut accosté par un îlien parlant un anglais approximatif mais se faisant parfaitement comprendre. Il expliqua que la plage était une propriété privée et que, pour y réaliser un film, il fallait payer. Zanuck voulut négocier mais le Corse ajouta que, en cas de non-paiement, il placerait des voitures tout le long de la plage, rendant le faux débarquement impossible. L'Américain s'acquitta de 15 000 dollars.

Il n'en demeura pas là. Après enquête, il découvrit qu'il n'existait aucune plage privée en Corse ! Il exigea le remboursement de la somme.

Le procès dura huit ans...

*

Un tournage peut s'avérer long, très long et causer certaines surprises.

David Lean fractionna une scène de *Lawrence d'Arabie* (1962) où l'on voit ledit Lawrence (Peter O'Toole) bavarder avec le général Allenby (Jack Hawkins) tout en descendant un escalier. Et pour des raisons strictement techniques, les deux parties de cette scène furent tournées à un an d'écart.

Ce qui fit dire à Peter O'Toole : « À l'écran, quand j'atteins le bas des marches, je suis un an plus vieux que quand j'ai commencé à les descendre ! »

*

Jour de tournage difficile en Afrique du Sud sur *Zoulou* (1964) pour le metteur en scène anglais Cy Endfield. Celui-ci avait en effet engagé de vraies danseuses zoulous pour l'une des scènes clés du film, mais le nombre de filles issues des tribus n'étant pas assez élevé, il dut compléter par d'autres danseuses, des professionnelles engagées à Pretoria. Lors du tournage de la scène, deux problèmes simultanés se posèrent, les danseuses professionnelles refusaient de danser seins nus, comme c'est la coutume dans les tribus ; les danseuses zoulous, elles, refusaient de porter une culotte, puisque, selon la coutume, elles doivent être nues sous leurs pagnes, ce qui, bien évidemment, aurait posé problème avec la censure. Le metteur en scène passa donc une bonne partie de la journée, aidé par l'acteur Michael Caine, à convaincre les unes d'enlever leur soutien-gorge, les autres de mettre une culotte !

*

Par ricochet, cet accident avec la Jaguar du *Corniaud* eut une autre conséquence : refusant de perdre son temps, le réalisateur, Gérard Oury, poursuivit son tournage en se concentrant essentiellement sur Bourvil et sa Cadillac.

Du coup le film s'en trouva déséquilibré : au final on verrait plus souvent Bourvil à l'écran.

Ce que finit par sentir Louis de Funès qui en fit la remarque à son ami Gérard. Tous deux imaginèrent une scène supplémentaire : celle où l'on voit Louis sous la douche, en train de comparer sa belle musculature à celle d'un authentique M. Muscles, Robert Duranton.

Un des passages les plus célèbres, et les plus drôles, du film !

*

La course-poursuite de *French Connection* (1971) de William Friedkin nécessita une sécurité maximale : trois pâtés de maisons bloqués, des assistants dans tous les coins, la police new-yorkaise venue prêter main-forte, circulation stoppée sur tout le parcours.

Gene Hackman – qui conduisait la voiture pour certaines prises – pouvait se lancer en toute confiance.

Ce que personne n'avait imaginé était qu'un brave monsieur pouvait sortir tout naturellement... de son garage ! Ce qui se produisit ce jour-là. L'homme, nullement étonné de l'absence de circulation, sortit sa voiture. Le temps qu'un assistant s'en aperçoive, il était trop tard. Le citadin roula droit devant lui, s'apprêtant à couper la trajectoire prise par Hackman.

La voiture de ce dernier fut heurtée à l'arrière. L'acteur ne put rien faire et alla finir sa course contre un pilier. Il ne fut pas blessé, mais le véhicule n'était plus qu'une épave.

*

Une mésaventure identique est arrivée à Jean-Paul Belmondo pour la poursuite du *Marginal* de Jacques Deray (1983).

Assistants et régisseurs furent déployés pour empêcher le moindre incident. Les décorateurs, à la demande de Jacques Deray, avaient placé un faux abri d'autobus que Belmondo, au volant d'une Mustang, devait pulvériser.

Rémy Julienne, maître d'œuvre, donna son feu vert.

Jean-Paul démarra sur les chapeaux de roues. Il fonça selon le parcours prévu, quand un badaud, surgi de nulle part, marcha d'un pas tranquille vers l'abri de bus, convaincu de son authenticité. Personne ne put le stopper.

Belmondo le vit au dernier moment, donna un coup de volant et évita l'accident.

*

Le cas de la poursuite de *Bullitt* de Peter Yates (1968) est encore plus éloquent.

Steve McQueen devait également conduire une Mustang dans les rues de San Francisco.

Avec son chef cascadeur, il repéra les lieux. Du fait des barrages de police, les rues paraissaient un peu trop vides et de nombreuses voitures avaient été garées ici et là par la production, pour faire plus authentique. Steve remarqua une voiture à l'écart, qui n'appartenait pas à la production. Il la fit déplacer par des techniciens qui l'installèrent dans le champ de la caméra. Pour éviter que son propriétaire ne se posât des questions, McQueen fit mettre un mot s'excusant pour le « léger déplacement ».

Aux répétitions, tout se passa bien.

Mais, au moment de la prise, Steve rata complètement son virage. Tant et si bien qu'il percuta la fameuse voiture, l'expédiant dans une autre auto stationnée plus loin.

Les techniciens évacuèrent les véhicules accidentés. On chercha le propriétaire de la voiture bousillée. Sans succès. Tant pis, on réglerait cela plus tard.

Tout le monde plia bagage pour aller tourner plus loin.

On en oublia les épaves.

Lorsque, un peu plus tard, le propriétaire retrouva sa voiture dans un état plus que pitoyable, il vit un petit mot s'excusant du « léger déplacement ». Muni de ce papier, il retrouva l'équipe de tournage pour lui demander ce qu'elle entendait par là...

*

Michael Caine se souvient que, pendant le tournage près du mur de Berlin d'une scène du film d'espionnage *Mes funérailles à Berlin* (1966), de Guy Hamilton, les gardes-frontière est-allemands passèrent leur temps à renvoyer le soleil directement dans les caméras à l'aide de miroirs. Ce qui contraint l'équipe, à bout de nerfs, à aller finalement tourner la prise plus loin.

*

Les Aventures de Rabbi Jacob (1973) expédie Louis de Funès ainsi que plusieurs individus dans une grande bassine de chewing-gum vert.

Gérard Oury, ne trouvant pas l'usine *ad hoc*, il fit construire le décor dans les studios de Boulogne-Billancourt. La masse gélatineuse verte fut conçue à base de levure mélangée à différents ingrédients.

Le premier jour de tournage, tout se passa bien Mais personne ne s'était rendu compte que, sous la chaleur des projecteurs, la levure avait commencé à gonfler. Durant la nuit, elle continua sa mutation et le liquide vert déborda largement des cuves pour se répandre dans tout le studio.

Appelé en catastrophe, Gérard Oury ne put rien faire. Il fallut nettoyer le studio de fond en comble, construire une nouvelle cuve, trouver un nouveau procédé sans levure.

Ce qui coûta des millions de francs et handicapa le tournage pendant plusieurs jours.

*

Le bassin utilisé pour les maquettes de galères de *Ben-Hur* (1959) était de grande dimension mais souffrait d'un défaut : son eau n'avait rien du bleu méditerranéen.

Un chimiste apporta ses lumières et déversa dans l'eau une poudre qui, en quelques heures, transforma le bourbier marron en une belle eau bleue.

En réalité, la poudre colorait tout en bleu. Quand un figurant tombait dans l'eau, il en ressortait tout bleu. Un vrai Schtroumpf !

De plus, la poudre avait une fâcheuse tendance à se solidifier. Il fallait nettoyer régulièrement le bassin et enlever les croûtes bleues qui se collaient sur les galères.

*

Pour *Le Seigneur des anneaux* de Peter Jackson (2001), l'environnement fut respecté grâce à l'utilisation de kilomètres de moquette qui préservèrent des lieux très sauvages des méfaits de la civilisation.

*

Lorsque fut tournée la scène de l'incendie d'Atlanta d'*Autant en emporte le vent* (de Victor Fleming (1939)) – dans un coin reculé des studios de la MGM –, les habitants du quartier, impressionnés par l'énorme fumée qui s'en dégageait appelèrent les secours.

Au point que, pendant presque toute la journée, les lignes téléphoniques des pompiers en furent bloquées.

*

Pour *Le Parrain 2* (1975), Coppola engagea comme assistante la baby-sitter de ses enfants, Melissa Mathison, future scénariste de *E.T.* Ils ne tardèrent pas à avoir une liaison que les parents de Francis, présents sur le plateau, virent d'un très mauvais œil. Un jour, ils lui dirent ce qu'ils pensaient de cette aventure, dispute intégralement retransmise sur toute le 6e Rue, entre l'avenue A et l'avenue B, le lieu du tournage, par les haut-parleurs que le metteur en scène avait oublié de débrancher. Coppola, qui venait de terminer le tournage d'un film sur la surveillance, *Conversation secrète*, avait réussi à se mettre lui-même sur écoute !

*

Les artificiers ont en charge les explosions qui se doivent d'être les plus spectaculaires mais les moins dangereuses possibles. Difficile, toutefois, de tout contrôler.

Pour *Le Pont de la rivière Kwaï* de David Lean (1957), les ouvriers prisonniers étaient censés voir le passage se dégager à coups de dynamite.

Un jour, une explosion provoqua la panique parmi des milliers de chauves-souris qui dormaient dans des grottes voisines. Et que fait une chauve-souris quand elle a peur ? Elle urine !

Toute l'équipe et tout le matériel furent subitement submergés par un épais nuage noir fait de milliers de chauves-souris mais aussi d'une épaisse « pluie » jaunâtre.

*

Durant la préproduction de *Barrabas* (1962), de Richard Fleischer, le producteur Dino De Laurentiis apprit qu'une éclipse de soleil était prévue pour le 15 février 1961. Il chamboula tout le plan de tournage pour que la scène de la crucifixion soit programmée ce jour-là et ainsi être conforme aux écritures, puisque, selon les Évangiles, une éclipse survint au moment du calvaire de Jésus. C'était un gros pari : le directeur de la photo et tous les techniciens étaient en effet conscients que la lumière serait pour le moins aléatoire ce jour-là et qu'il y avait de forts risques pour que la scène, moment clé du film, qui réunissait des milliers de figurants, soit bonne à mettre à la poubelle. Une seule prise, en plus, était possible durant l'éclipse. Le producteur s'entêta et un « miracle » se produisit : non seulement la lumière fut idéale, mais le soleil, en réapparaissant, forma une croix lumineuse dans le ciel au-dessus du village où était tournée la scène. Ce qui laissa une grosse impression à tous les villageois réunis pour l'occasion !

*

Un décor implique une construction. Mais pas toujours. On peut aussi retirer des éléments.

Pour *Les Aventuriers de l'arche perdue* de Steven Spielberg (1981), l'équipe de décoration dut démonter (et remonter ultérieurement) plus de 300 antennes de télévision pour un plan montrant les toits de la ville.

Aujourd'hui, on réglerait ce problème avec un trucage numérique.

*

Paris brûle-t-il ? de René Clément (1965) raconte la libération de Paris.

Beaucoup s'étonnèrent à l'époque que cette grosse production fût tournée en noir et blanc, la couleur ayant depuis longtemps montré son efficacité.

Pourquoi ?

Parce que les autorités françaises refusèrent que le drapeau nazi noir, blanc et rouge flottât de nouveau sur la capitale et n'acceptèrent que des drapeaux noir, blanc et gris.

*

Plus de quarante ans plus tard, Jean-Paul Salomé connut des déboires presque similaires pour *Les Femmes de l'ombre* (2008) dont le cadre était également Paris occupé.

Il demanda aux riverains de la rue de Rivoli l'autorisation de placer des drapeaux nazis claquant au vent. Plusieurs le lui refusèrent catégoriquement. À commencer par des hôtels qui, durant la guerre, n'avaient pourtant pas été très regardants quant à l'identité de leurs clients.

Que faire ?

Cette fois, la technique supplanta la mauvaise volonté : les drapeaux furent recréés numériquement sur toute la longueur de l'avenue. Y compris sur les façades des hôtels récalcitrants.

*

Au même titre que la plupart des stars, Fernandel touchait un cachet et des sommes supplémentaires en cas de dépassements des dates de tournage initialement prévues. Et, au même titre que la plupart des stars, ces suppléments étaient énormes. Histoire de dissuader le réalisateur de traîner en route.

Le Voyage à Biarritz fut en partie filmé à Trets, en Provence. Soleil radieux et bonne humeur. Jusqu'au jour où des pluies aussi diluviennes qu'interminables interrompirent les prises de vues. Il devint évident qu'il faudrait décaler la date de fin de tournage.

Regardant tomber les hallebardes, Fernandel dit à son partenaire, Michel Galabru : « Galabru, c'est de l'or qui tombe ! »

*

Pour *Le Cerveau* (1968), Gérard Oury avait besoin d'images du paquebot *France* entrant dans le port de New York. Il envoya deux équipes : l'une rejoignit l'Amérique par avion pour filmer cette arrivée par hélicoptère ; l'autre voyagea à bord du *France* pour les images vues de l'intérieur du navire. Cette dernière équipe n'eut strictement rien à faire durant quatre jours, le temps de la traversée. Quatre jours de vacances aux frais de la princesse.

« Et puis, raconte Jean-Claude Sussfeld, le dernier jour, on arrive dans la rade de New York vers 6 heures du matin. On est le 12 août à peu près. Tout le monde sur le pont. Les doublures sont habillées, les caméras sont préparées. Il y a une liaison avec l'hélicoptère de l'autre équipe. On arrive à New York, on a une flopée d'hélicoptères autour de nous : plein de télévisions sont là pour filmer le *France* avec la fausse statue de la Liberté du film placée sur le paquebot, face à la vraie la statue de la Liberté. Sauf que, le 12 août à 6 heures du matin, il y eut un brouillard à couper au couteau. Nous n'avons jamais vu la véritable statue de la liberté. On arrive sur le quai sans avoir tourné un mètre de pellicule ! »

Pas question pour autant de repartir sans ramener les précieuses images. Renseignement pris, il s'avéra que le *France* repartait cinq jours plus tard. La production donna l'ordre à son équipe de rester sur place. Cinq jours de vacances supplémentaires.

Finalement, l'équipe remonta sur le bateau et filma non pas l'arrivée du *France* mais son départ. Bien sûr, le spectateur n'y vit que du feu mais ces quelques secondes d'images laissèrent des souvenirs impérissables aux techniciens : « On a tourné trois ou quatre plans qui ont duré neuf jours : quatre jours de croisière sur le *France* et cinq jours de vacances à New York ! » conclut Jean-Claude Sussfeld.

Affaires de gros (et de petits) sous

« Nul ne peut bafouer l'Empire romain !
Quand on l'attaque, l'Empire contre-attaque ! »
Astérix et Obélix : Mission Cléopâtre
Dialogues d'Alain CHABAT

Jean-Marie Poiré raconte une cascade filmée à Hong Kong pour *Les Anges gardiens* (1995) : « On tournait une séquence sans vrai danger : un camion broie une cabine téléphonique sur un trottoir qui s'écrase sur une énorme benne buttoir. Il y a un mannequin dans la cabine. La benne butoir est remplie de pierres pour empêcher le camion d'aller trop loin. On répète, tout se passe bien. Mais le cascadeur chinois a voulu nous épater et il a été deux fois plus vite que prévu : 120 à l'heure ! Il a explosé la cabine tellement fort qu'il a expédié la benne sur une espèce de grand monument commémoratif ! Un truc qui racontait toute l'histoire de la ville et avait été construit pour la visite de Margaret Thatcher. Elle venait l'inaugurer le lendemain ! Ça a été un désastre, un drame national… Thatcher est arrivée et a vu ce truc-là : une compression de César ! Les Chinois détestent perdre la face et les autorités étaient très vexées. Là, j'ai cru qu'on allait tous en prison pour de bon. »

*

Ben-Hur : 100 000 figurants au total dont 15 000 rien que pour la course de chars.

D'où une logistique extrêmement sophistiquée.

Qui connut son premier couac lorsque les assistants se rendirent compte que la plupart des figurants ne possédaient pas le téléphone chez eux. Certains n'avaient même pas d'adresses précises. Il fallait, chaque veille de tournage avec la foule, dépêcher des dizaines d'émissaires dans Rome et sa banlieue pour réunir tout le monde.

Sur le plateau, les figurants étaient divisés par groupes de 30 avec, pour chaque groupe, un responsable d'équipe chargé de surveiller ses ouailles.

L'une des premières missions de ces chefs était de respecter le timing du maquillage : la première vague de figurants arrivait à 5 heures du matin et, le soir, la dernière vague quittait Cinecittà à 22 heures.

Quant au restaurant, il devait, aux heures de pointe, être capable de fournir 5 000 repas en moins de vingt minutes !

*

Le nombre maximal de figurants semble avoir été atteint par *Gandhi* (1982) : 300 000 !

Ils furent recrutés par voie de presse mais aussi à l'aide de voitures munies de haut-parleurs circulant dans la ville.

Cette foule était censée assister aux funérailles de Gandhi. Pour ne rien manquer de cette scène, le réalisateur Richard Attenborough plaça onze caméras qui rapportèrent, toutes ensemble, suffisamment de mètres de pellicule pour faire un film de plus trois heures !

La séquence des funérailles telle qu'elle apparut à l'écran dure... deux minutes.

*

Il faut parfois se méfier de l'aide apportée par l'armée.

Francis Ford Coppola bénéficia de l'apport de pilotes de l'armée philippine et de leurs hélicoptères pour *Apocalypse Now* (1979).

Mais, en plein milieu d'une scène, ceux-ci étaient parfois appelés par leurs chefs pour aller combattre les rebelles à 250 kilomètres de là !

De plus, ces hélicos devaient être peints le matin aux couleurs de l'armée américaine et repeints le soir dans leurs couleurs d'origine.

*

Dans *Autant en emporte le vent* (1939), quand Scarlett O'Hara marche au milieu des blessés, ce sont non seulement des figurants mais aussi des mannequins qui sont étendus sur le sol.

Comme le bureau du recrutement des figurants de la MGM fut incapable de réunir plus de 800 hommes, Victor Fleming utilisa des mannequins et provoqua la colère du syndicat des figurants qui réclama des salaires pour chacun des mannequins ! Au total : 1 600 soldats confédérés allongés sur le sol.

Ce qui fit dire au mari de la romancière Margaret Mitchell lors d'une projection : « Si l'armée sudiste avait été aussi nombreuse, nous aurions gagné la guerre ! »

*

Les Visiteurs du soir (1942) fut réalisé en France par Marcel Carmé pendant la guerre. C'est-à-dire en période de restriction.

Les figurants présents dans la scène du banquet se jetèrent sur la nourriture. Le réalisateur Marcel Carné diligenta ses assistants pour surveiller les victuailles. Cela ne se révéla que partiellement efficace, comme il le raconta dans son livre de souvenirs : « Des grosses miches de pain voisinaient sur les tables avec les pyramides de fruits. Apparemment, elles étaient intactes. Du moins, le croyais-je, jusqu'au jour où, ayant réglé le cadrage d'un plan rapproché, et l'une d'elles prenant trop d'importance dans l'image, je voulus l'éloigner. À ma vive stupéfaction, je la sentis légère comme un fétu de paille. Je retournai la miche. Un trou de quelques centimètres de diamètre apparaissait en son centre. Par l'orifice ainsi obtenu, des doigts s'étaient glissés et avaient réussi à vider la miche de toute la mie qu'elle contenait ! »

Pour empêcher de tels « accidents » des techniciens injectèrent une substance chimique dans toute la nourriture qui devint immangeable.

*

Les figurants d'*Amadeus* (sorti en 1984) réservèrent une surprise à Milos Forman et à son équipe américaine.

Le film se tournait dans l'authentique opéra de Prague avec 500 figurants recrutés sur place. Le 4 juillet, au moment de lancer la musique de Mozart en play-back, une bannière étoilée fut déployée depuis les cintres, les 500 figurants se levèrent et entonnèrent l'hymne américain qu'ils avaient appris en secret.

Une trentaine de personnes seulement restèrent assises en se demandant ce qui se passait : c'étaient des membres de la police secrète infiltrés parmi les figurants pour espionner le tournage.

« Je me suis dit que les militaires allaient débarquer et que nous finirions tous en prison, se souvient l'acteur Jeffrey Jones. C'était un acte extrêmement subversif. »

*

Il n'y eut pas beaucoup de figurants dans *Le Magicien d'Oz* mais ils firent couler beaucoup d'encre. Au nombre de 125, c'étaient des nains qui jouaient le rôle des Munchkins.

Les plus folles rumeurs coururent sur ces personnages.

L'une affirma qu'ils organisaient des orgies dans les coulisses du tournage ! Cette rumeur était née, involontairement, du producteur Mervyn LeRoy qui, suite aux retards continuels des nains, plaisanta : « Ce n'est pas possible, ils doivent organiser des orgies dans leur hôtel ! Je vais finir par placer des policiers à chaque étage. » Cette boutade se transforma en affirmation qui fut même reprise par certains médias. Or, il n'y eut jamais preuve de la moindre orgie.

Une autre rumeur dit que les Munchkins étaient toujours ivres. Rumeur d'ailleurs reprise par Judy Garland qui, au cours d'une interview télévisée, les traita de « petits poivrots ». Il est vrai que certains d'entre eux étaient portés sur la bouteille mais le metteur en scène, Victor Fleming, n'eut à déplorer que deux ou trois ivrognes.

La seule réalité avérée fut que ces nains étaient de fieffés débrouillards : ils s'arrangeaient toujours pour être le plus près possible de la caméra, passant bien souvent devant la star du film qu'ils finissaient par cacher au moins partiellement. Et ça, oui, ça irritait Fleming !

*

Le bagne de Cayenne était dans un tel état de délabrement qu'il fallut le reconstruire à l'identique en Jamaïque pour *Papillon* (1973) de Franklin J. Schaffner.

Là se posa le problème de la figuration : impossible de ne montrer que des prisonniers noirs, cela aurait été une contrevérité historique criante. On dénicha une colonie allemande dans l'île dont presque tous les éléments mâles acceptèrent de faire de la figuration !

*

Sacha Guitry ouvrit la route des productions rapides et à bas prix. Une journée ! Qui dit mieux ?

Le 19 novembre 1936, il réunit aux studios de Boulogne-Billancourt les acteurs du *Mot de Cambronne*, pièce dont il était l'auteur et l'interprète principal. Là, un décor quasi identique à celui du théâtre avait été reconstitué.

De 12 heures à 20 heures, le maître immortalisa la pièce sous forme de film. Le soir même, sa troupe regagnait le théâtre où elle jouait... *Le Mot de Cambronne*.

Le film sortit sur les écrans en 1937, reçut d'excellentes critiques et connut un beau succès.

*

Clint Eastwood était parfaitement au courant du peu de moyens alloués à Sergio Leone pour filmer son premier western spaghetti, *Pour une poignée de dollars* (1964). Il ne se faisait pas beaucoup d'illusions quant à l'avenir de cette production mais se dit que ce serait pour lui l'occasion de visiter l'Italie et l'Espagne.

Il fut néanmoins étonné quand Leone lui demanda d'amener avec lui le maximum d'accessoires. Clint emporta un ceinturon de cow-boy qu'il avait gardé de la série *Rawhide* qui l'avait fait connaître aux

États-Unis. Il mit également dans sa valise des jeans usagés. Et un gilet en peau de mouton.

Avant de partir, il alla dans une boutique de Hollywood acheter des cigarillos. Les moins chers. Tellement mauvais à fumer qu'ils expliquent les grimaces qu'il fait dans le film. D'autant qu'Eastwood est non fumeur.

Sur le plateau, il apprit qu'il était responsable de ses costumes. Comme il ne disposait que d'un poncho et d'un seul chapeau, il n'était pas question pour lui de les perdre. Chaque soir, il les ramenait avec lui à l'hôtel.

*

Easy Rider (1968), réalisé par Dennis Hopper et produit par Peter Fonda, ne coûta que 314 000 dollars et en rapporta 45 millions.

D'où cette réaction un peu désabusée d'Henry Fonda, père de Peter : « Ce petit salaud a produit un film à partir de rien avec deux minables de son espèce et il a gagné plus d'argent que moi durant toute ma carrière à Hollywood ! »

*

Le roi du film à budget minuscule reste Ed Wood, auréolé du titre de « plus mauvais cinéaste de tous les temps ».

Il faisait des films avec des bouts de chandelle et rien ne l'arrêtait. Ni un décor menaçant de s'écrouler après qu'un comédien en eut claqué la porte, ni une fausse pieuvre en panne de moteur, ni les fils des maquettes de soucoupes volantes (des jouets en plastique) parfaitement visibles, ni même la mort d'un acteur. *Plan 9 From Outer Space* (1959) constitue l'un des sommets de la ringardise.

Wood engagea Bela Lugosi, acteur vieillissant qui rêvait de sa gloire passée du temps de *Dracula*. Il ne le paya pas cher : 1 000 dollars. Pour ce prix, l'acteur dut venir avec son propre costume de Dracula (qu'il avait conservé de ses anciens tournages).

Hélas, Lugosi décéda en cours de tournage. Après avoir rapidement séché ses larmes, Ed le remplaça par le chiropracteur de sa propre femme. Comme celui-ci n'avait ni la stature ni même la plus vague ressemblance avec le défunt, Ed Wood le fit jouer avec une cape ne laissant apparaître que ses yeux !

Les renvois de la censure

« Les cons ça ose tout,
c'est même à ça qu'on les reconnaît. »
Les Tontons flingueurs
Dialogues de Michel AUDIARD

En Suède, le très familial *E.T.* de Steven Spielberg (1982) fut interdit aux moins de 11 ans lors de sa sortie.

Motif : les parents faisaient preuve de trop d'autorité en empêchant les enfants d'agir à leur guise et cela pouvait « choquer » les jeunes spectateurs suédois.

*

En 1935, la Roumanie interdit le personnage de Mickey sous prétexte qu'il faisait peur aux enfants.

*

En Italie, la sortie du *Dernier tango à Paris* (1972) valut à son réalisateur Bernardo Bertolucci d'être déchu de ses droits civiques pendant dix ans !

*

Dans *Spartacus* de Stanley Kubrick (1960), Crassus (joué par Laurence Olivier) fait allusion à sa bisexualité face à son bel esclave (Tony Curtis) qui lui lave le dos.

« Pour satisfaire mes goûts... il me faut des huîtres et des escargots », déclarait notamment Crassus.

Censurée, cette scène fut rétablie ultérieurement lors de la sortie du film en DVD.

*

Pour peaufiner un scénario, il convient d'y ajouter des dialogues. Quand ils sont signés Prévert, Jeanson ou Audiard, on peut s'attendre à du brillant.

L'American Film Institute a organisé un gigantesque sondage pour élire et classer les 100 répliques les plus célèbres du cinéma... américain.

La *number one* est tirée d'*Autant en emporte le vent* de Victor Fleming (1939). C'est la dernière réplique de Rhett Butler (Clark Gable) en guise d'adieu à Scarlett (Vivien Leigh) : *« Frankly, my dear, I don't give a damn ! »*

Que la version française présenta ainsi : « Franchement, ma chère, c'est le cadet de mes soucis. »

Une traduction un peu trop précieuse. Plus proche du texte initial aurait été : « Franchement, ma chère, je m'en fous complètement. »

La version originale faillit passer à la trappe. La censure américaine, qui détestait l'argot, la jugea grossière et ordonna au producteur David O. Selznick de changer le mot *damn*. Il refusa. Armé de plusieurs dictionnaires, dont le vénérable *Oxford English Dictionary*, il réussit à prouver que ce terme était passé dans le langage courant.

Selznick dut néanmoins payer une amende de 5 000 dollars pour conserver ce *damn* dans son film.

*

Pour *Un jour aux courses* de Sam Wood (1937), la censure fit supprimer une réplique de Groucho Marx : « Je voudrais une suite, deux infirmières et qu'on ne me dérange pas pendant trois mois. »

*

Le temps passant, les jurons sont devenus monnaie courante dans les films. Pas un film policier américain sans que le mot *fuck* ne soit prononcé au moins une dizaine de fois.

Et jusqu'à 422 fois dans *Casino* (1995) de Martin Scorsese. C'est-à-dire, en moyenne, 2,4 fois par minute !

Comparativement, les 272 *fuck* de *Reservoir Dogs* de Quentin Tarantino (1992) font pâle figure.

*

Au printemps 2008, la ville de Jérusalem refusa de placarder les affiches de *Sex and the City* (2007), film de Michael Patrick King tiré d'une série télévisée à succès.

Rien de graveleux ni dans l'histoire ni même sur l'affiche mais tout simplement le mot *sex* qui risquait d'offusquer les communautés religieuses.

Les autorités locales demandèrent au distributeur de remplacer le mot incriminé par « ... ». Ce qui ne signifiait plus grand-chose. Le distributeur refusa.

*

La ville du Havre vit d'un très mauvais œil l'image que donnait d'elle *Le Quai des brumes* de Marcel Carmé (1938).

Elle avait même tenté d'amoindrir l'impact dès le tournage, interdisant l'accès à certaines rues car, selon la municipalité, le film « semble indiquer que cette ville compte des vauriens dans sa population ».

*

Le visa d'exploitation du *Jour se lève* également de Marcel Carmé fut accordé à condition que le mot « déserteur » ne soit jamais prononcé durant tout le film.

On était en 1939 et ce simple terme pouvait donner de mauvaises idées aux soldats français...

*

Le fameux code Hays, code de censure morale, qui régimenta le cinéma américain du début des années 30 à la fin des années 50, prévoyait dans sa première version qu'un baiser ne pouvait excéder 3 mètres de pellicule, c'est-à-dire quelques secondes.

Cela irrita Alfred Hitchcock au moment où il tournait *Les Enchaînés* (1946). Il trouva le truc pour contourner la censure : « Avec Cary, rapporta Bergman, nous nous embrassions, nous parlions, nous reculions, nous nous embrassions de nouveau, puis le téléphone nous séparait et nous devions le contourner. C'était donc un baiser sans cesse interrompu, que la censure ne pouvait couper parce qu'à aucun moment nous nous embrassions plus de trois secondes. En plus, on faisait d'autres choses : on se mordillait l'oreille, on s'embrassait sur la joue. Ça paraissait interminable. À Hollywood ça a fait sensation. »

*

Citizen Kane (1940) fut particulièrement visé par la censure. Il ne comportait aucune scène choquante mais son ton, parce que novateur, risquait de déranger.

Orson Welles a raconté comment il biaisa. Il choisit d'assister à la projection de son film en présence de la commission de censure. Lorsque les lumières se rallumèrent, il se leva et fit volontairement tomber de sa poche un chapelet. « Excusez-moi », dit-il en le ramassant peu discrètement.

Selon ses dires, les membres de la commission, tous Irlandais catholiques, furent favorablement impressionnés.

« Sans ce geste, conclut Welles, ça en aurait été fini de *Citizen Kane.* »

*

Le Hays Office exigea 108 coupes dans *Le Banni* (1943) qui mettait en valeur la poitrine de Jane Russell, et accessoirement son talent.

Howard Hughes le réalisateur demanda à être reçu en commission et vint avec un « spécialiste » qui transportait sous son bras des photos de comédiennes tirées de nombreuses productions hollywoodiennes.

Armé d'une règle, l'homme de l'art démontra que le décolleté de Jane Russell n'était pas plus profond que ceux de ses congénères.

Les coupes exigées furent ramenées au nombre de trois !

*

Au Service de la gloire (1926) fit scandale.

C'était au temps du muet. Rien à redire sur l'histoire, qui démystifiait la guerre, et encore moins sur la mise en scène signée Raoul Walsh.

Mais un spectateur qui savait lire sur les lèvres affirma que les acteurs principaux s'exprimaient avec une grossièreté inimaginable (ce qui était vrai !). Plusieurs sourds-muets firent la même constatation.

Loin de nuire au film, cela lui servit de publicité : de nombreux spectateurs retournèrent le voir pour tenter de deviner ce qui s'y disait vraiment !

*

La censure existe toujours. Partout.

Les compagnies aériennes pratiquent, elles aussi la censure.

Eh oui, il n'est pas question de proposer n'importe quoi aux passagers des long-courriers. Les films sont soigneusement choisis et, le cas échéant, amputés.

La Lufthansa, compagnie allemande, refuse tout film se déroulant durant la Seconde Guerre mondiale.

Dans bien des avions, *Harcèlement* fut projeté mais sans ses scènes « sensuelles », ce qui non seulement raccourcit considérablement la durée du film, mais lui ôta son intérêt.

De même pour *Profil bas*, avec Patrick Bruel : toutes les scènes de douche et les séquences érotiques furent ôtées. L'histoire en devenait incompréhensible et la durée du film fut réduite à celle d'un moyen métrage.

Quand Harry rencontre Sally fut aussi mutilé. Et la plupart des passagers n'eurent pas le droit de voir la scène de l'orgasme mimé au restaurant, la plus célèbre et la plus drôle du film !

Pretty Woman et *Madame Doubtfire* furent acceptés à bord mais à condition d'y enlever tous les gros mots.

Bien entendu, aucune compagnie aérienne n'acceptera jamais de projeter un film montrant un accident d'avion.

Même *Rain Man* fut banni. Tout au moins le passage où Dustin Hoffman explique les dangers des vols commerciaux. Son frère (Tom Cruise) a beau lui répéter que « toutes les compagnies aériennes ont eu à un moment ou un autre un avion qui s'est écrasé », l'autre n'en démord pas et soutient que « les voyages en avion sont dangereux ». Pour appuyer ses dires, il rappelle des faits inquiétants. Seule la compagnie australienne Qantas échappe, selon lui, à cette règle.

Parés au lancement

« Messieurs, parlons net :
que votre projet publicitaire soit lugubre
comme un gala de bienfaisance, passons ;
mais il est parfaitement inefficace
et ça, messieurs, je ne le tolérerai pas. »

Carambolages
Dialogues de Michel AUDIARD

La promotion d'un film n'est pas forcément l'étape préférée des acteurs. Le metteur en scène Richard Marquand, à qui on doit, entre autres, *Le Retour du Jedi* (1983), confia un jour qu'il avait commencé sa carrière en se rendant à des émissions de radio et en se faisant passer, avec la complicité de la production et des animateurs, pour Richard Burton, qui détestait par-dessus tout ce genre d'exercice.

*

Au moment de la promotion d'un film, certains interviewés ont le culot de se démarquer en racontant, si ce n'est la vérité (ce qui est rare), au moins n'importe quoi (ce qui est plaisant).

Mel Brooks pour *La Folle histoire de l'espace* (1987) : « Pourquoi ce film a-t-il coûté plus que tous mes films précédents ? À cause d'une grossière erreur comptable ! Au départ, le budget était de 2,2 millions de dollars mais quelqu'un a oublié la virgule. On nous a donc donné 22 millions, que nous ne pouvions décemment pas refuser, et qui nous ont permis d'offrir une limousine à chaque membre de l'équipe. »

Le « on » n'était autre que Brooks lui-même : il était producteur de ce film !

*

Kevin Spacey a proposé de ne pas être crédité au générique de *Seven* de David Fincher (1995), de telle sorte que son apparition dans le film dans le rôle du *serial killer* constitue une vraie surprise pour le spectateur. Décision qui eut pour l'acteur un énorme avantage auquel il n'avait d'abord pas pensé : « C'est un de mes meilleurs rôles, le film a engrangé près de 400 millions de dollars à travers le monde – et pendant que, inlassablement, avant la sortie, tous les autres comédiens se tapaient douze heures par jour un marathon d'enfer pour la promo avec la presse internationale, moi j'étais tranquillement installé au bord d'une piscine ! »

*

En période de promotion, il faut parfois affronter des plumitifs « maladroits ».

Jacques Villeret en croisa au moins un : « Une fois, en province, un journaliste m'a demandé : "Comment vous situez-vous par rapport à Alain Delon ?" Ses précédentes questions n'ayant pas été non plus très brillantes, la conversation s'est vite arrêtée... »

*

De retour de tournée promotionnelle en Grande-Bretagne pour *Sept ans de réflexion* de Billy Wilder (1955), Marilyn Monroe déclara : « Ils m'ont traitée comme une créature étrange, comme un objet sexuel. Ils ne m'ont pratiquement posé aucune question sur le film, ils voulaient seulement savoir si je dormais nue ou en pyjama, ce que je portais comme dessous, quelles étaient mes mensurations. À se demander s'il y a des femmes là-bas ! »

*

Alexandra Vandernoot resta bouche bée devant une question émise par un professionnel : « On m'a demandé : "Est-ce que le fait d'être belge est un handicap ?" Qu'est-ce que vous voulez répondre à ça ? »

*

Alfred Hitchcock se demanda comment empêcher les spectateurs retardataires de gêner la vision du meurtre sous la douche dans *Psychose* (1960).

D'autant que ces retardataires ne comprendraient plus grand-chose au film et seraient frustrés de la présence de Janet Leigh.

Alfred convia tous les directeurs de salles à en interdire l'entrée après le début de la séance. Il signa lui-même le texte des panneaux prévus à cet effet : « Nous ne vous laisserons pas gâcher votre plaisir. Vous devez voir *Psychose* du début à la fin pour l'apprécier correctement. En conséquence, personne ne sera admis dans le cinéma après le début des séances du film. Et je dis bien personne : pas même le frère du directeur, le président des États-Unis ou la reine d'Angleterre (Dieu la bénisse). »

*

En Norvège, un directeur de salle dut, la mort dans l'âme, interdire la vente de confiseries au moment de la diffusion de *Harry Potter et la Chambre des secrets* de Chris Colombus (2002).

Il s'était rendu compte que les jeunes spectateurs vomissaient en grand nombre. Les sucreries devenaient indigestes quand, dans le film, l'un des personnages se met à vomir des limaces !

*

Braveheart de Mel Gibson (1995) suscita des réactions surprenantes en Écosse.

Ce film raconte la lutte entre les Écossais et les Anglais. Mais personne ne s'attendait à ce que le public applaudisse chaque fois qu'un Anglais y était tué !

*

Marcello Mastroianni raconte que, quand il a commencé à faire ses premiers films, ses spectateurs les plus assidus étaient ses parents, qui n'en manquaient pas un. Seule ombre au tableau, à cette époque, son père était devenu aveugle à cause du diabète, sa mère était sourde. Aussi, dès que leur fils apparaissait à l'écran, c'était une litanie de « Qu'est-ce qu'il a dit ? » pour l'une et de « Qu'est-ce qu'il a fait ? » pour l'autre, pas vraiment du goût des autres spectateurs !

*

Le discours de remerciement le plus long à la cérémonie des oscars reste celui de l'actrice Greer Garson en 1943 lorsqu'elle reçut l'oscar de la meilleure actrice pour son interprétation dans *Madame Miniver* de William Wyler : cinq minutes et demie !

Au point qu'un commentateur souligna que ce discours était plus long que le rôle qui lui avait valu l'oscar.

*

Le « discours » le plus court fut celui de Ray Milland pour *Le Poison* de Billy Wilder (1945) : il monta sur scène, prit sa statuette et redescendit sans dire un mot !

*

Quand Jacques Tati reçut un césar d'honneur, il ne put cacher son étonnement face à l'étrange statuette : « Je pensais avoir une voiture, je remercie César de me l'avoir mise dans cet état-là ! »

*

À la cérémonie de remise des césars de 2002, Édouard Baer fit cette déclaration hilarante : « Coucher avec un réalisateur de courts-métrages, c'est un plaisir, mais c'est aussi un formidable pari sur l'avenir ! »

*

Roderick Jaynes, nominé deux fois aux oscars en tant que meilleur monteur, en 1996 pour *Fargo* et en 2007 pour *No Country for Old Men*, n'existe pas. C'est en effet un pseudonyme utilisé par les frères Coen, qui montent eux-mêmes leurs films, du fait de l'interdiction par la Guilde des oscars de récompenser deux monteurs sur un seul et même film. Pour l'anecdote, ci celui-ci recevait un jour la statuette, les frères Coen n'auraient même pas le droit de monter sur scène pour le recevoir, même par procuration, puisque le règlement de la cérémonie stipule que les oscars ne peuvent être remis sur scène qu'en main propre. Règlement en vigueur depuis que Marlon Brando, récompensé pour son interprétation dans *Le Parrain* de Francis Ford Coppola en 1973, envoya en son nom une jeune Indienne Apache nommée Petite Plume qui annonça devant le tout-Hollywood que Brando refusait « cet honneur à cause du traitement réservé aux Indiens dans les films et à la télévision ».

*

Stéphane Audran et Jean Yanne accompagnèrent *Le Boucher* de Claude Chabrol (1969) à un festival aux États-Unis. Là, ils apprirent que tous deux se voyaient décerner un prix d'interprétation.

Jean Yanne reçut le prix d'interprétation féminine et Stéphane Audran le prix d'interprétation masculine !

Cela s'expliquait facilement : pour les Américains, Jean est un prénom féminin et Stéphane ne peut qu'être un prénom masculin...

*

627 millions de dollars.

C'est le prix qu'aurait coûté, selon un très sérieux institut américain, la sortie de *L'Attaque des clones*, de la série *Star Wars*.

Il ne s'agit pas de l'argent dépensé pour sa promotion mais du manque à gagner pour les entreprises américaines. En effet, si *Star Wars* compte parmi ses fans de nombreux jeunes, il regroupe également des milliers de gens plus âgés qui ont découvert les épisodes du temps de leur prime jeunesse. Et pas question pour tous ces employés, cadres ou responsables d'entreprises de manquer la sortie de *L'Attaque des clones*.

En quittant leur poste pour se rendre au cinéma, ils infligèrent un rude coup (momentané) à l'économie américaine !

Index

C

D

E

F

G

H

J

K

Table

l'humour
au cherche midi

Collection « les pensées »

Pensées, textes
et anecdotes
d'Alphonse Allais

Les Pensées
de Jean Amadou

Les Pensées **de José Artur**

Pensées provisoirement
définitives
d'Yvan Audouard

Pointes, piques et répliques
de Guy Bedos

Les Pensées
de Tristan Bernard

Les Amuse-Bush

Pensées, répliques
et anecdotes
de Francis Blanche

Pensées et répliques
de Bertrand Blier

Mille et une pensées
de Philippe Bouvard

Les Pensées
des boulevardiers :
Alphonse Karr,
Aurélien Scholl,
Georges Feydeau, Cami

Les Pensées
d'Alfred Capus

Les Pensées **de Cavanna**

Pensées, répliques
et anecdotes
de Claude Chabrol

Pensées et anecdotes
de Coluche
illustrées par Cabu,
Gébé, Gotlib, Reiser
Wolinski

Les Pensées
de Courteline

Les Pensées
de Pierre Dac

Arrière-Pensées
de Pierre Dac

Pensées et anecdotes
de Dalí

Les Pensées de San Antonio
de Frédéric Dard

Les Pensées
de Jean Dutourd

Pensées et répliques
de Jacques Dutronc

Les Pensées
de Gustave Flaubert,
suivies du
Dictionnaire
des idées reçues

Les Pensées
d'Anatole France

Les Pensées
d'André Frossard

Pensées, provocs
et autres volutes
de Serge Gainsbourg

Pensées, histoires et anecdotes **de Michel Galabru**

Les Pensées, répliques
et anecdotes **de**
De Gaulle
choisies par Marcel
Jullian

Traits d'esprit
de Charles de Gaulle

Pensées, maximes
et anecdotes
de Sacha Guitry

Pensées, répliques et anecdotes **des Marx Brothers**

Portraits acides
et autres pensées édifiantes
de Philippe Meyer

Pensées, répliques et
anecdotes **de François**
Mitterrand

Les Pensées
de Daniel Prévost

Les Pensées
de Jules Renard

Pensées, répliques
et portraits **de Rivarol**

La Joie de vivre
d'Henri Salvador

Pense-bêtes
de Topor
illustré par lui-même

Vracs **de Tomi Ungerer**

Pensées, répliques
et anecdotes
de Jean Yanne

Je suis un être exquis
de Jean Yanne

Les Pensées
d'Oscar Wilde

Les Pensées
de Wolinski
illustrées par lui-même

Mes aveux
de Wolinski

Collection « le sens de l'humour »

LAURENT BAFFIE
Tu l'as dit Baffie !

GUY BEDOS
Arrêtez le monde,
je veux descendre

LAURENCE BOCCOLINI
Méchante
Méchante 2

PHILIPPE BOUVARD
Journal
Journal 1997-2000
Auto-psy d'un bon vivant,
journal 2000-2003
Le Grand Livre
des Grosses Têtes

COLUCHE
Et vous trouvez ça drôle ?
Elle est courte,
mais elle est bonne
Ça roule ma poule
Le Best of
L'Intégrale des sketches

PIERRE DAC
Les Meilleures Petites
Annonces
de l'Os à moelle
Essais, maximes et
conférences

RAYMOND DEVOS
Les 40e délirants
Une chenille nommée
Vanessa
Sans titre de noblesse
Rêvons de mots

PHILIPPE HÉRACLÈS
Le Grand Livre
de l'humour noir
Illustrations de Kerleroux
Le Petit Livre
de l'humour noir
Des fins pour défunts
Éternellement vôtre
Le Petit Livre des épitaphes
les plus drôles
Cent bonnes raisons
d'être mort
Feu à volonté
épitaphes inédites

**OLIVIER
DE KERSAUSON**
Macho mais accro
T'as pas honte ?
illustré par Wolinski

LES MONTY PYTHON
Le Grand Livre
des Monty Python

MICHEL MULLER
Pas tout noir

INGRID NAOUR
Drôles de zèbres
Bestiaire humoristique

DANIEL PRÉVOST
Un couple
de notre temps
Éloge du moi
Lettres d'adieu
Délires

PHILIPPE VAL
Allez-y,
vous n'en reviendrez pas
Allez-y,
vous n'en reviendrez pas
(la suite)
Bonjour l'ambiance
Fin de siècle en solde
No problem !
Bons baisers de Ben Laden
Les Traîtres et les Crétins

WOLINSKI
La Morale
Fin de siècle en solde

Mis en pages par DV Arts Graphiques à La Rochelle
Imprimé en France par CPI Firmin Didot
Dépôt légal : mai 2010
N° d'édition : 1269 – N° d'impression : 99853
ISBN 978-2-7491-1269-5